BIBLIOTHEQUE

ECCLESIASTIQUE,
OU
CATALOGUE

DE LIVRES

POUR LES ECCLESIASTIQUES
Qui sont dans le St. Ministere, ou
qui s'y préparent prochainement.

*Attende Lectioni, Exhortationi & Doctrinæ.. Hæc meditare, in his esto....
Attende tibi & Doctrinæ: insta in illis.
Hoc enim faciens, & te ipsum salvum
facies, & eos qui te audiunt*

1'. Ad Timotheum 4'.

A TOULOUSE,

Chez JEAN-PIERRE DARNES,
Libraire, Rue Serminieres, *vulgo*,
Basse-Porterie.

──────────────────────

M. DCC. LXIII.

AVERTISSEMENT.

L'ETUDE est d'une nécessité indispensable pour les Ecclésiastiques. Ils doivent s'y appliquer avec ardeur & sans relâche, non seulement pour s'acquitter de leurs obligations envers les peuples, mais encore pour leur propre avantage. Sans une étude constante & soutenue, ils n'acquerront point la science nécessaire pour instruire les peuples dont ils sont les Maîtres, & pour défendre la Religon dont ils sont les Ministres. D'ailleurs la nécessité de de travailler, qui leur est commune avec tous les hommes, leur impose une étroite obligation d'une étude continuelle. Ainsi s'ils se considèrent comme Ecclésiastiques, ils doivent étudier pour apprendre ce dont ils doivent instruire les autres; étudier beaucoup, parce qu'ils ont besoin

AVERTISSEMENT.

d'une science très étendue; étudier toute leur vie, soit pour acquérir de de nouvelles connoissances, soit pour perfectionner & ne pas perdre celles qu'ils ont acquises. S'ils considérent leurs propres besoins, ils doivent chercher dans l'étude une pénitence pour leurs péchez, un frein à leurs passions, un moyen efficace d'éviter l'oisiveté qui est la source de tous les vices. Enfin un remede à l'ignorance, qu'un Concile appelle la mere de toutes les erreurs. *Ignorantia mater cunctorum errorum.* Conc. Tollet.

Une des choses les plus importantes pour eux est donc de faire un bon choix des Livres qui doivent composer leur Bibliotheque, & c'est pour les diriger en ce choix, que nous leur donnons ce Catalogue.

Nous le divisons en quatre Parties, ou plutôt nous donnons quatre Catalogues, dont le premier est pour ceux qui n'ayant pas le moyen de se procurer une Bibliotheque bien considérable, doivent user

AVERTISSEMENT.

d'œconomie, pour ne pas se mettre hors d'état d'avoir les Livres les plus nécessaires, par le choix peu prudent de ceux qui leur seroient moins utiles, ou qui seroient de trop grand prix.

Le second Catalogue est une premiere addition composée des Livres les plus utiles après ceux du premier. Le troisieme, beaucoup plus ample que les deux premiers, contient des ouvrages plus étendus & plus considérables. Chaque Ecclésiastique y choisira ce qui peut lui être plus convenable, eu égard à ses emplois, à ses occupations, à son goût, & à ses besoins particuliers.

Enfin nous en avons dressé un quatrieme, soit pour servir de supplément aux trois premiers; soit en faveur des Ecclésiastiques, qui ayant des talens supérieurs, sont bien aises de connoître ceux qui ont le plus travaillé & le mieux réussi sur chaque partie de la Science Ecclesiastique.

On peut reduire à onze classes

AVERTISSEMENT.

les Livres qui doivent ou qui peuvent composer la Bibliotheque d'un Ecclésiastique ; sçavoir, 1'. Les Bibles & les Interprêtes. 2'. Les SaintsPeres. 3' Les Conciles & les Recueils des Constitutions Dogmatiques. 4'. Les ouvrages de controverse. 5'. Les Théologiens & les Ouvrages sur la Religion contre les Déistes. 6'. Les Sermonaires & les Catechismes. 7'. Les Auteurs Spirituels, & sur l'état Ecclesiastique, avec les Vies des Saints 8'. La Discipline Ecclésiastique & les Rits Sacrés. 9'. Le Droit Civil. 10. Les Historiens. 11'. les Dictionnaires, Géographies, Belles-Lettres & autres Livres : tel est l'ordre que nous avons gardé.

Nous croyons devoir prévenir le Lecteur sur plusieurs choses

1'. Quoique l'on se soit proposé de n'insérer en ce Catalogue que des Livres d'une Doctrine entiérement saine, on n'a pu néanmoins se dispenser d'en mettre quelques-uns, où

AVERTISSEMENT.

il y auroit différentes choses à corriger, comme les Mémoires de Mr. Tillemont, l'Histoire Ecclésiastique de Mr. Fleuri, &c. Ces Livres étant très-bons dans leur universalité, ou du moins renfermans des choses fort utiles, on n'a pas cru pouvoir suppléer assez parfaitement à leur défaut par un autre choix.

2°. On nous reprochera peut-être d'avoir indiqué beaucoup plus de Livres que les Ecclésiastiques n'en peuvent avoir, & qu'ainsi notre Catalogue, loin de les aider, n'est propre qu'à les embarrasser.

Mais, 1°. En se bornant aux premiers Catalogues, on ne sera pas fort en peine. 2°. il est utile de connoître les Livres même qu'on ne peut se procurer, afin de les consulter au besoin, & de ne pas laisser échapper l'occasion de les acheter quand on les trouve à bon compte.

Enfin quelques personnes nous ayant prié de marquer le prix des Livres, nous l'avons fait, mais

AVERTISSEMENT.

seulement pour le premier Catalogue, & pour les Livres neuf, car pour ceux de rencontre il est impossible d'en fixer le prix : & même pour ce qui est des Livres neuf, le Papier, la Relieure, l'Impression, &c. en rendent le prix très-incertain. On ne doit pas être surpris si on trouve quelque erreur dans les prix que nous avons assignés, quoique nous l'ayons fait de concert avec un Libraire.

BIBLIOTHEQUE
ECCLESIASTIQUE.

PREMIER CATALOGUE,
ARTICLE PREMIER.
Bibles & Interprètes.

1. *BIBLIA-SACRA.* Celles de Vincent *in-8'.* 5 *liv.* & de Bruysset, *in-4'.* sont assez belles.
2. *Tirinus in Sacram Scripturam*, 2 *vol. in-fol.* 20 *liv.*
On trouve à la fin de ce Commentaire une espece de Théologie dogmatique, & des idées pour des Prônes, fort utiles à ceux qui sont chargés d'instruire, ou *Menochius, in-fol'.* 12 *liv.*
3. La Sainte Bible en français, avec un Commentaire littèral, inféré dans la traduction, par le P. de Carrieres, *in-12.* 5 *vol.* 12 *liv.*
Prenez la nouvelle Edition corrigée, à Paris, chez Moreau.

4. *Concordantiæ Bibliorum. Lugduni* 1726, *in*-4'. 15 *liv.* bonne. Celle de Jullieron, à Lyon, 1649, *in*-4'. & celle de Cologne *in*-8'. font les meilleures.

5. *Concorda Evangelica*, Paris, Savreux, 1653, *in*-12. 2 *liv.* 10 *f.* ou *Concordia Evangelistarum. Operâ Sebastiani le Roux, in*-8'. 3. *liv.* M. le Roux a donné cet ouvrage en français sous ce titre : *Concorde des quatre Evangélistes, selon l'ordre Chronologique, avec des Tables.*

6. Les Livres de S. Augustin, *de Doctrinâ Christianâ*, & de *Consensu Evangelistarum.*

7. Introduction à l'Ecriture Sainte, par le P. Lamy de l'Oratoire, *in*-12. 2 *l.* — ou *Introductio ad Sacram Scripturam, & compendium Historiæ Ecclesiasticæ, ad usum Ordinandorum.* Paris, Breton, *in*-12. 1 *l v.* 16 *f.* —ou *Prolegomena de Verbo Dei. Avenione & Pictaviis, in*-12. 1 *liv.* 10 *f.*

8. Regles pour l'intelligence de l'Ecriture Sainte, petit *in*-12. 1 *liv.* 10 *f.* Cet ouvrage est de *l'Abbé Duguet, la Préface est de l'Abbé d'Asfeld.*

9. Principes généraux pour l'intelligence des Prophéties, Paris, 1763, *in*-12. 2 *liv.* 10 *f.*

ARTICLE SECOND.

Quelques ouvrages des Saints Peres.

1. *S Eptem tubæ Sacerdotes cum tuba octavâ, in-4°.* 6 liv.
Ce Recueil contient de beaux traités des SS. Bernard, Grégoire le Grand, Chryſoſtôme & Jerome, de Julien Pomere, Pierre de Blois & Pierre Damien, ſur l'excellence, les obligations & les fonctions de l'Etat Eccléſiaſtique ; avec l'avertiſſement de Vincent de Lerins, & les ouvrages de Salvien, ſur la Providence & ſur l'Avarice.
2. *Libri Confeſſionum Sancti Auguſtini.*
3. *Sancti Auguſtini meditationes, ſoliloquia & Manuale, meditationes SS. Bernardi & Anſelmi.*
4. *Leo Magnus, in-fol°.* Ce volume contient les Ouvrages de Saint Leon & de quelques autres SS. PP.
5. *Epiſtolæ Selectæ Sancti Hyeronimi, in-12.* 2 liv. -- ou *Tullius Chriſtianus*: c'eſt le même ouvrage ſous un titre différent.
6. Penſées ingénieuſes des SS. Peres, Par le P. Bouhours. *in-12.* 2 liv.

ARTICLE TROISIEME.

Conciles & Constitutions Dogmatiques.

1. *Concilium Tridentinum*, 1 liv. 10 f. prenez l'Edit du P. Guetif, Paris 1674, *in-12*.
2. Méthode courte & facile pour discerner la véritable Religion, Paris, Bordelet, *in-12*.   2 *liv*. 10 *f*.
Ce volume contient plusieurs morceaux utiles. En quelques exemplaires, on trouve une Bibliotheque Ecclésiastique dont la notre n'est à proprement parler, qu'une nouvelle Edition.
3. Recueil historique des Bulles & autres Actes, concernans les erreurs des deux derniers siecles, à Avignon, 2 *vol*. *in-12*. 2 *liv*. 10 *f*. -- ou *in-8*. cinquieme Edition, à Mons, 1710.

ARTICLE QUATRIEME.

Controverses.

1. Histoire des variations des Eglises Protestantes, avec les avertissemens, par M. Bossuet, *in-12*. 4 v. 10 f.

2. Exposition de la Doctrine de l'Eglise Catholique, par le même, *in* 12. 1 *liv*. 10 *sols*. On vient d'en donner une nouvelle Edition fort estimée. *Ce petit Ouvrage, qui de l'aveu de Messieurs Basnage, a fait plus de mal à la Reforme qu'aucuns autres, ne peut être trop répandu.*

3 Instruction sur la vérité du St. Sacrement, par Monsieur Gobinet, *in* 12. 2 *liv*. La préfence réelle y est folidement établie, & bien défendue.

4 Histoire des cinq propositions, par Mr. Dumas, Docteur de Sorbonne, la meilleure édition est en 3 *Volumes in* 12. 5 *liv*.

5 Lettres d'un Docteur fur les Héréfies du dix-septieme siécle; à Paris chez Josse, 1707, 2 *Vol. in* 12. elles font aussi de Mr. Dumas; dans l'une de ces Lettres l'on trouve une continuation abregée de l'Histoire precedente.

6 Histoire de la Constitution *Unigenitus*, par Mr. Lafiteau, *in* 4°. 6 *liv*.---Ou *in* 12, à Venife, 2 *Vol.* 2 *liv*.

7 *Tractatus de gratia* 1748. *in* 12, 2 *vol*. Nous citons ici cet Ouvrage à caufe de la partie hiftorique qui tient lieu de plusieurs autres Livres rares ou dispendieux.

8 *Veritas & Æquitas Conftitutionis Unigenitus*, *in* 12. chez Bordelet.

9 Traité des moyens de connoître la vérité dans l'Eglife, par un Chanoine

B

de Sens, *in* 12. *C'est un Abregé des Ouvrages de Mr.* Languet, *Archevêque de* Sens ; *Abregé adopté par ce sçavant* Prélat ; *on y joint deux Lettres de ce même* Prélat, *sur le parti le plus sûr dans les contestations présentes.*

10 Instruction Pastorale de M. l'Evêque de Séés, sur l'Eglise, par demandes & par réponses, *in* 8°., 1730. & 1242.   1 *liv.* 10 *sols.*

ARTICLE V.

THEOLOGIENS.

1 S*umma S. Thomæ*, l'édition avec les notes du Pere Nicolai, est la plus estimée ; elle se trouve *in fol.* à Paris 1663, *in* 4°., 2. *vol.* à Angers, *in* 12, 2 *vol.* à Cologne.---Ou seulement *Summa Theologiæ Moralis S. Thomæ*, à Rouen, *in* 12, 1 *vol.* le dessein de l'Auteur est très-bien exécuté dans ce petit Ouvrage, qui est en forme de Dictionnaire.

2 Abregé de Tournely par Mr. Collet, *in* 12, 7 *vol.*   16 *liv.*

3 La Morale du Pere Antoine, *in* 12, 4 *volumes*. 8 *livres*. Impression de Paris.---Ou la Théologie de Poitiers, nouvelle édition, *in* 12, 6 *volumes.*   11 *liv.*

4 Les Conférences d'Angers, novelle édition, 14 *volumes. in* 12, 30 *liv.*
5 *De opere 6 Dierum., de Locis & notis Theologicis, de Conciliis*, par M. Montagne, *in* 12. 2 *liv.* 10 *sols.*
6 Instruction sur la Religion, par Mr. Gobinet, *in* 12. 2 *liv.*
7 Le Philosophe moderne, par Mr. le Masson des Granges, *in* 12 2 *liv.* 5 *s.*
--Ou la seule véritable Religion, par le P. Lefebvre, *in* 12. 2 *liv.* 8 *sols*
8 *Pastorum instructiones à S. Carolo Borromæo*, Bruxelles 1734, *in* 12. 1 *l.* 10 *s.* Ces Instructions sont sur la Prédication, sur la Confession, avec les notes des Sylvius; sur l'administration de l'Eucharistie.--Ou seulement, *Instructions de St. Charles aux Confesseurs*, *in* 12. 15. *sols.*
9 La conduite des Confesseurs par Mr. Daon, avec la Conduite des ames, du même, *in* 12, 2 *vol.* Impression de Paris. 4 *liv.*
10 Le Directeur dans les voies du salut, traduit de l'Italien, du P. Pinamonti. *in* 12, 2 *vol.* 2 *liv.*
Ne le confodés pas avec le Directeur spirituel pour ceux qui n'en ont point. Celui-ci est par Mr. Treuvé, ne l'achettés pas.
11 Pratique du Sacrement de Pénitence, par Mr. Brunet, *petit in* 12, chez Herissant, 1 *liv.* 10 *sols*

ARTICLE VI.

Catechifmes & Sermonaires.

1. *Catechifmus Concilii Trident.* 1 l. 10 f.
Il faut fe défier des Traductions.
2. Catechifme de Montpellier, Edition de Mr. de Charency. Touloufe, 1748, *in* 4'. & *in* 12, 5 *volumes.* 8 *liv.*--Ou expofition de la Doctrine Catholique, par Mr. C. *in* 4'. 4 *liv.* 10 *fols.*
On dit beaucoup de bien de Ce Livre, auffi bien que du Manuel du Chrétien, in 12   1 *liv.*
3. Hiftoires Choifies pour les Catechifmes, *in* 12, Paris 1720. *cet Ouvrage eft de Mr. Lambert, Doct. de Sorbonne.*
4. Sermons du P. Bourdaloue, 15 *vol.* Impreffion de Lyon.   22 *liv.*
5. Les Prônes de Mr. Ballet, Curé de Gif.----De Mr. Joly, Evêque d'Agen.---De Mr. Hebert, auffi Evêque d'Agen.---De M. Girard, Curé de St. Loup, 8 *petits vol.*
6. Homélies fur les Evangiles de tous les Dimanches & principales Fêtes de l'année, par Mr. Thiébaut, Supérieur du Séminaire de Mets, 4 *volumes in* 12. 9 *liv.*-----Ou celles de Monfieur Lambert, *in* 12, 7 *volumes.*

Nota. 1°. Avant de Prêcher il faut apprendre cet Art aussi difficile qu'important, pour cela, à la lecture des bons Prédicateurs, joignés celle de quelqu'un, ou même de plusieurs des Livres suivans :

1. La véritable maniere de prêcher selon l'Esprit de l'Evangile, *petit in* 12. 1 *l.* 10 *s.* Troisieme Edition. Paris. Coutrot. 1710
2. La Réthorique du Prédicateur, composée pour les Séminaires, sur le plan de Saint Charles, par le Cardinal Augustin Valerio, *in* 12, Paris 1750.   2 *liv.* 8 *sols.*
3. La Réthorique de l'Eglise par le P. de Grenade, *in* 8°.
4. Maximes sur l'éloquence de la Chaire, par le Pere Gaichiés, Edition de 1739, *in* 12.   2 *liv.* 5 *sols.*
5. Le second volume du Pastoral de Limoges.---Dialogues sur l'Eloquence par Mr. de Fenelon.---Le P. Gibert, dans son Eloquence de la Chaire, *in* 4°. ---Mr. Rollin, dans son Traité des Etudes.---Saint François de Borgia, dans un petit Opuscule *de ratione concionandi*, qui est à la fin du Compendium de Binsfeld.------Saint François de Sales, dans la trente-unieme Lettre du premier Livre, Edition de 1609.

2°. On peut se servir utilement, Du Dictionnaire Apostolique, par le P. Montargon, 13 volumes in 8°. 2°. De la Bibliothéque des Prédicateurs, par le Pere Houdri, seconde Edition in 4°. 22 vol. 3°. Des Récueils de paſſages, comme le *Viridarium* & le *Panarium* de Buſée, &c.

Nota. 3°. Les Auteurs ſpirituels ayant traité le détail des vertus, des vices, & de la vie Chrêtienne, les Eccléſiaſtiques qui doivent, ſans ceſſe, en inſtruire les Peuples en public & en particulier, y peuvent trouver une ſource abondante & de très-bons matériaux, auſquels il ne faut que donner la forme Oratoire. Voyés ceux qui ſont cités dans l'article ſuivant.

ARTICLE VII.

Livres de Pieté.

NOus commencerons par ceux qui ſont propres aux Eccéſiaſtiques. 1. Pour la *Méditation*, prénés les Méditations ſur les vérités Chrétiennes & Eccléſiaſtiques, par un Curé, (Mr. Chevaſſu) à Lyon, 5 *volumes in* 12. 9 *liv.*----Ou les Méditations de Teuvalet, *in* 4°. Nouvelle édition

9 livres.---Ou l'esprit du Sacerdoce de 7. c. ou l'Evangile réduit en Méditations pour les Prêtres, à Lyon, 1720, 2 *volumes in* 12. 4 *liv.*---Ou Méditations de Buſée, nouvelle Edition augmentée ; Paris, Coignard, 1703, *in* 12.----Ou Conſidérations ſur les principales obligations de la vie Eccléſiaſtique, par Monſieur Cheſnard, *in* 12, Paris, 1726. *Regula Cleri & præparatio proxima ad mortem* ; à Avignon par Meſſieurs Gelabert & Salamo : ces deux petits Ouvrages ont été imprimés à Villefranche en un ſeul volume.

2. *Pour la Lecture ſpirituelle* : Devoirs Eccléſiaſtiques, par Monſieur Sevoy, *in* 12, 3 *volumes*. 7 *livres.*------Ou Conférences Eccléſiaſtiques du Diocèſe de Langres, *in* 12. 3 *v l* 5 *liv.* ---Conférences Eccléſiaſtiques de Monſieur Maſſillon, *in* 12, 2 *volumes*. 4 *liv.*

3. Pour la Célébration du Saint Sacrifice ; Entretien abregés pour les Prêtres, par un Docteur de Sorbonne ; à Lyon, *in* 12 4 *volumes* 7 *liv.* Le premier ſe ſépare ; on en a imprimé une partie à Toulouſe : on l'a attribuée mal à propos à un Bénédictin. ---*Tractatus aſceſticus de Sacrficio Miſſæ*, par le Cardinal Bona. ----Méditations pour chaque jour du mois, fait à Lyon en 1723. 15 *ſo s. Ce petit volume renferme encore des ma-*

...ximes Ecclésiastiques, des avis aux Curés, & une régle de vie pour un bon Prêtre.

4. Sacerdos Christianus, de Mr. Abelly, in 12 & in 8°.----Ou Thesaurus Sacerdotum & Clericorum; à Orléans, 17.

Pour ce qui est des autres Livres de Devotion, les suivans nous ont paru dles meilleurs.

1. Les Quatre fins de l'Homme, par Denis le Chartreux.---Ou par le Pere Pallu.---Ou enfin par Mr. Rouhault; Paris Montalant 1734.
Mr. Nicole a aussi traité ce sujet avec beaucoup de solidité, mais sans onction à son ordinaire.

2. La guide des pécheurs, par le P. de Grenade, traduction de Mr. de Girard. 1 volume in 8°.

3. Instructions sur les Sacremens de Pénitence & d'Eucharistie, par Mr. Gobinet, 1 volume in 12, 2 liv. 5 sols.
I y a un autre Livre à peu près du même titre, mais sans nom d'Auteur; nous n'en conseillons point la Lecture.

4. Retraite & Reflexions du P. Croiset, 4 petits volumes in 12. 6 liv.

5. Pensées de Bourdaloue, en 2 & 3 volumes in 12.
L'Esprit de Bourdaloue, *petit in* 12.

6. La conversion du pécheur par Salafar, in 12.

Les Livres énoncés dans les 6 nombres précédens, regardent la vie purgative;

en voici qui qui traitent de la vie illuminative.
1. *De Imitatione Chriſti , Libri 4*.
2. Le Combat ſpirituel : *Livre ſi eſtimé de St. François de Sales.*
3. L'introduction à la vie devote, par St. François de Sales.
4. Traité de l'amour de Dieu, du même. Ou Abregé de cet Ouvrage, à Paris chez Guerin 1756, 1 *vol. in* 12. 1 *l.* 5 *ſ. Le Traité de l'amour de Dieu, de l'édition de & avec les notes du P. Felon, eſt en 4 volumes in 12.*
5. Les ſouffrances de Jeſus, par le P. Thomas de Jeſus, 2 *vol. in* 12. 4 *liv.* Ou Méditations ſur la Paſſion de N. S. par le P. Delmas, *in* 12, 2 *vol.*
6. Méditations par le P. Medaille *pet. v.*
7. L'eſprit du Chriſtianiſme, par le P. Nepveu, *un volume in* 12. 2 *liv.*
8. Les Reflexions ou penſées Chrêtiennes, du même, 4 *petits in* 12. 6 *liv.*
9. Iſtructions de la jeuneſſe, par Mr. Gobinet, 1 *vol. in* 12. 2 *liv.*
10. Les Mœurs des Iſraëlites & des Chrétiens, par Mr. Fleury, 1 *vol. in* 12. 2 *l.*
11. Pratique de la perfection Chrétienne, par le P. Rodriguez, 4 *volumes in* 8'. A Lyon & à Toulouſe, 6 *livres.* 3 *vol. in* 4'. *& in* 12 à Paris. 14 *liv. La Traduction de Mrs. de Port-Royal eſt en* 2 *vol. in* 4'. *elle eſt altérée en quelques endroits, & ſur tout dans le di- dixieme chapitre du premier Traité.*
12. Le Pedagogue Chrétien, corrigé par

le P. Brignon, *in* 12. 2 *livres.*
Ce Livre quoique petit, renferme tous les sujets d'instructions, qui conviennent le mieux aux peuples.

13. Examens particuliers, par Mr. Tronçon, *on les trouve en* 1 & 2 *vol. in* 12. à Paris chez Berton. 3 *liv.*

14. Amour de Jesus au Très-Saint Saccrement, par Monsieur Boudon. 10 *sols.* Ou la Devotion à N. S. dans l'Eucharistie, par le P. Vaubert, 2 *vol. in* 12, à Paris, chez Berton. 3 *liv.*

15. La Devotion à la Sainte Vierge, par par le P. Craffet, *in* 4'.---Ou par Me. Ballet, Curé de Gif.---Ou par le P. d'Orleans.

16. La Devotion aux Saints Anges, par un Docteur de Sorbonne, seconde édition à Lyon chez Delaroche, 1741, *in* 12. 1 *liv.* 10 *sois.*---Ou l'Ovrage de Monsieur Boudon, sur le même sujet.

17. Traité de la confiance en la misericorde de Dieu, par M. de Soissons *in* 12.

18. Traité de l'Espérance Chrêtienne, petit *in* 12.

Nota. Les Ouvrages de Grenade, des PP. Dupont, Segnery, St. Jure, Nepveu, Pallu, Avrillon, & de M. Boudon, sont bons : nous en reservons le détail pour les Catalogues suivans.

ARTICLE VIII.

Doit Canon, Discipline Ecclésiastique, Rits Sacrés.

1. Les Statuts & les Cérémonial de son Diocèse.
2. Institution au droit Ecclésiastique, par Mr. Fleuri, *in* 12.   2 *liv.* 5 *sols.*
3. Abregé de la Discipline Ecclésiastique du P. Thomassin, par le P. Loriot, 1720, *in* 4'. 6 *liv.* ----Ou le nouvel abrégé, par Mr. Hericourt, *in* 4'.   7 *liv.*
4. Mannuel de Beuvelet, *in* 12.   2 *liv.*
4. Traité des Saints Mystères par Mr. Collet, *in* 12, quatrieme édition.   2 *liv.* 5. *sols.*
6. Pour l'Explication des Cérémonies, on peut se contenter de ce qu'il y en a dans le Cathéchisme de Montpellier

ARTICLE IX.

Droit Civil.

1. Coûtume du Païs où l'on travaille avec un Commentaire sur ces Coûtémes.
2. Institution au Droit Français, par M.

Argou, nouvelle édition chez Defaint!
in 12, 2 *vol*. 5. *liv*.
3. Code de Louis XV. *in* 24. 12 *sols*.

ARTICLE X.

HISTORIENS.

1. Discours sur l'Histoire Universelle, par Mr. Bossuet avec la suite *in* 12, 2 *vol*. 4 *liv*.
2. Abré de l'Histoire de France, par le Président Hainault, 2 *vol*. *in* 8'. 8 *liv*.
2. Abrégé de la Vie des Saints, *in* 4'. Ou plûtôt les Vies des Saints par le P. Giry.
4. Abrégé Chronologique de l'Histoire de l'Église, 2 *vol*. *in* 8'. 6 *liv*. par Mr Macquer.
5. *Selecta é Profanit Historiæ*. *in* 12.

ARTICLE XI.

Dictionnaires, Belles-Lettres, Philosophie, &c.

1. Dictionarium Universale Latino Gallicum. à Paris chez Boudot. *in* 8'.
2. Dictionnaire de la Bible. nouvelle édition à Auxerre, 2 *vol*. *in* 8'.
3. Dictionnaire

3. Dictionnaire des Conciles *in 8'. 4 liv.* 1758. On n'a pas mis dans ce Dictionnaire les Conciles du dix-septieme & dixhuitieme Siecle.

4. Dictionnaire Historique portatif, par Mr. Ladvocat, nouvelle édition Paris, 1760. 10 liv. 2 *volumes in 8' joignons-y la critique qu'en a fait Mr. l'Abbé Saas*, en voici le Titre, Lettre d'un Professeur de Douai à un Professeur de Louvain, sur le Dictionnaire historique portatif de Mr. l'Advocat.

5 Dictionnaire Geographique portatif, par Mr. Vosgien. *in 8'.*

6 Le Spectacle de la Nature, par Mr. Pluche, 9 *vol. in* 12.

7. Maniere de bien penser dans les ouvrages d'Esprit, par le P. Bouchours *in* 12.

8. Traité du Choix des études, par Mr. Fleury. *in* 12.

9. La Logique Française, ou l'Art de penser. *in* 12.

10. Instruction sur la maniere de bien étudier, par Mr. Gobinet. *in* 12.

11. *Antilucretius*, par Le Cardinal de Polignac.--Ou la Traduction par Mr. l'Abbé de Bougainville. *in* 12.

11. Œuvres choisies de Mr. Rousseau. 1 *vol. in* 12.   2 *liv.* 5 *sols.*

13. Les Pseaumes en vers Français, récueillis de nos meilleurs Poëtes. *in* 12.

14. *Santorii Victorini. in* 12.

Nota. La Chronologie & la Geographie étant comme les deux yeux de l'Histoire, on ne peut étudier celle-

C

ci avec fuccès, fans avoir quelque connoiffances de celles-là.

1. Pour la Chronologie on peut fe contenter du *Rationarium temporum* du P. Petau. 2 *vol. in* 12.---Ou de la Traduction qu'en a fait Mr. Mauroix, fous ce titre : *Abgregé Chronologique de Mr. de Lifle.* 3 *vol in* 12.---Ou aumoins les quatre Tables de l'Abbé L'englet.--- Ou les deux du P. Petau.

2. Pour la Géografie, prenez celle de Mr. Nicole de Lacroix. *in* 12. 2 *vol.* ---Ou celle de Mr. le François, nouvelle Edition avec des Cartes, *in* 12.

ADDITION

A la Bibliotheque Eccléfiaftique.

UNE perfonne encore plus refpectable par fon mérite que par fa dignité, nous a prié d'indiquer ici quelques Livre de Piété pour les Fideles. C'eft pour entrer dans fes vues que nous donnons cette Addition. Un Directeur prudent y choifira ce qu'il jugera être plus convenable à fes Penitens, eu égard à leur condition & à leurs difpofitions. Le titre feul apprendra fouvent à qui on doit les communiquer.

1°. S'agit-il d'un pécheur qu'il faille convertir, d'un mondain qu'il faille défabuser & dégoûter du monde, on lui conseillera, 1°. la lecture des meilleurs Sermons sur les grandes vérités du salut. 2°. Celles des livres marqués aux six premiers nombres de l'article septieme du premier Catalogue. On pourra y ajouter La Trompette du Ciel, par M Yvan, *in*-12. Pensées de la solitude, par le P. Toussaint de Saint Luc Carme, *in*-12. Le Malheur du monde, par M. Boudon, *in*-12. La différence des temps & de l'Eternité, par le P. Nieremberg. La retraite, les réflexions & le parallelle de Croiset. 3°. La lecture de la vie des SS. est aussi très-propre à convertir les pécheurs, à exciter les lâches, & à enflammer de plus en plus les parfaits.

1°. Quand une personne après avoir été reconcilié avec Dieu, commence à marcher dans la voie de la perfection, il faut lui mettre en main quelques bons Livres : on pourra les choisir, soit parmi ceux que nous avons cités dans les les quatre Catalogues, soit dans la liste qui suit.

1. Le Nouveau Testament traduit en français par le P. Bouhours, Paris, Bordelet, 2 *vol. in*-12. & 1 gros *vol. in*-18. petit caracteres. *Il y a des éditions précédentes qui sont falsifiées, sur-tout celle de* 1733.

2. Le sens littéral des Pseaumes, par le P. Lallement, Hérissant, *in*-12. hui-

tieme Edition, ou la belle Traduction des Pfeaumes, par M. Languet, Archevêque de Sens, *in-*12. Paris, Garnier.
3. Le Caractere du Chrétien, par le P. Martel, 6 *vol. in-*8°. à Touloufe.
4. Le Nouveau Teftament avec des notes & des réflexions, par le P. Lallemant, *in-*12 13 *vol.* ou avec des notes fans réflexions, 7 *vol.*
5. Commentaire fur les Epitres de Saint par le P. de Pecquini, Capucin, *in-*12. 4 *vol.*
6. Les Hiftoires de la Bible, par Royaumont, *in-*12.
7. L'efprit des Sts. Evangiles, par le P. Lattaignant, *in-*12. 1714.
8. Hiftoire Sainte des deux Alliances, Paris, Didot, 1741, 7 *vol. in-*12.
9. L'Imitation de Notre Seigneur. *Il y a du choix à faire dans les traductions de cet excellent Livre. On eftime celle du P. Gonnelieu, du P. Brignon, de l'Abbé Lenglet, & fur-tout du P l'Allemand, chez Guerin. Celle de Dubeuil eft alterée. Voyez le titre ou fommaire du chapitre troifieme du quatrieme Livre.*
10. Entretien de l'ame avec Dieu. Elévation de l'ame à Dieu. Exercice de l'ame pour fe difpofer aux Sacremens de Pénitence & d'Eucharistie. Maximes pour fe conduire Chrétiennement dans le monde, par M. l'Abbé Clément, chez Guerin & Delatour.

11. Les Œuvres spirituelles du P. le Valois, *in*-12, 3 *vol.*
12. Paraphrase du Pseaume *Miserere*, par le P. Calabre. Des Pseaumes Pénitentiaux, par le P. Lallemant. Paraphrases morale sur quelques Pseaumes par M. Missillon.
13. Conduites Chrétiennes ou Réglement des principales actions de la journée, par le P. Nepveu.
14. Prieres & Instructions Chrétiennes, par le Pere Sanadon.
15. Retraite de quelques jours pour une personne du monde, par M. Lafitau. Ses autres ouvrages de piété.
16. Préparation à la mort, par le Pere Crasset, *& autres Livres de la même espece, par les PP. Tribolet & Lallemant.*
17. L'anée Chrétienne du P. Suffrey, nouvelle Edition, *in*-12. 2 *vol.* ou celle du P. Croiset, ou celle du P. Griffet.
18. Les Ouvrages du P. Avrillon, Minime, sçavoir, 1'. Méditations & Sentimens sur la Sainte Communion, &c. *in*-12. 2', Retraite de dix jours. 3'. Conduite pour passer saintement le temps de l'Avent. 4'. Conduite pour passer saintement le Carême. 5'. Conduite pour passer saintement les Octaves de l'Ascension, de la Pentecôte, du S. Sacrement & de l'Assomption. 6'. Sentimens sur l'amour de Dieu, ou les trente Amours sacrés. 7', L'an-

née affective, ou sentimens sur l'amour de Dieu. 8'. Commentaire affectif sur le précepte de l'amour de Dieu. 9'. L'amour de Dieu envers les hommes, 10'. Sentimens sur la dignité de l'ame, la nécessité de l'adoration, les avantages des afflictions. 11'. Commantaire affectif sur le Pseaume *Miserere*, pour servir de préparation à la mort. 12'. Reflexions Théologiques, morales & affectives sur les attributs de Dieu. 13'. Reflexions, sentimens & pratiques sur la divine enfance de Jésus. 14'. Pensées choisies. *Tous ces ouvrages sont en autant de volumes in-12. le suivant est in-24.* Reflexions & sentimens d'un Solitaire en retraite, pendant l'Octave du Saint Sacrement.

19 Les Œuvres spirituelles du P. Arias, *in-12. 2 vol.*

20. Du P. Palhi, 1'. de l'amour & de la connoissance de Notre Seigneur, *in-12.* 2'. Ttraité de l'amour divin, &c. *in-12.* 3'. De l'amour du Prochain.

21. De M. Boudon, Dieu seul. Dieu présent par-tout. Dieu inconnu. La vie cachée. La sainteté du Chrétien. L'adoration de la divine Providence, &c.

22. L'Homme spirituel du P. S. Jure, *in-8'.*

23 Le Guide spirituel, du P. du Pont, *in-8'.*

24 Le Mémorial de la vie chrétienne. L'addition au mémorial. Traité de

l'oraifon, de l'amour de Dieu, &c. du P. de Grenade.
25. La vie de M. le Baron de Renti. De Madame de Miramion. De Mademoifelle le Gras. Des Peres du défert. De la Mere Agnès. De la Mere des Séraphins. De la Mere Marie de l'Incarnation, Fondatrice des Urfulines de Quebec. De la Mere Melchilde du S. Sacrement, &c.
26. La vie des Vierges. La vie des Veuves. Des gens mariés. Des riches & filles pauvres. Des Juftes. Des Clers. De Jefus-Chrift dans l'Euchariftie. Et autres Ouvrages de M. Girard de Ville-Thierry. Nous n'avons lu que la vie des Clers. L'Auteur nous a paru d'une morale un peu trop fevere.
27. Du Marquis de Caraccioli. La jouiffance de foi-même. La converfation avec foi-même. Le véritable Mentor. De la gayeté. De l'amitié. L'univers enigmatique. Le tableau de la mort De la grandeur d'ame. Le langage de la raifon. Le langage de la Religion.
28. Les confeils de la fageffe, *in*-12. 2 *vol.* Les lecons de la fageffe, *in*-12. 3 *vol* La morale du Sage, *in*-12. 1. *vol.* par Madame de Rohan, Abeffe.
29. De l'Abbé de Villers, les égaremens des hommes dans la voie du falut. feconde Edition, 1752, 3 *vol. in*-12. Réflexions fur les défauts d'autrui, avec une fuite, 4 *vol. in*-12.

30. Opuscules de Bellarmin. *De arte bene moriendi. De gemitu Colombæ. De Septem Verbis à Christo in Cruce prolatis. De Ascensione in Deum. De felicitate Sanctorum.* Il ont été traduits en français.
31. La Retraite du P. Martel.
32. La vraie & solide piété, tirée des Ecrits de S. François de Sales.
33. Du Pere Pinamonti, les Lectures spirituelles, la Religieuse en solitude, l'excellence de la Messe, & les Avantages des afflictions
34. Exercice pour la Communion, par le P. Griffet, *in-12*.
25. Livre de piété à l'usage des Domestiques, par M. Collet.
36. Education des Filles, par M. de Fenelon.
37. Instruction en faveur des Laboureurs & autres habitans de la Campagne, par Madame de Belly, *in-12*, chez Déprez.
38. Instructions Chrétiennes pour les Pauvres, les Ouvriers & Ouvrieres, les Serviteurs & les Servantes, 1 *vol. in-12*, Paris, veuve Mergé, 1743.

SECOND CATALOGUE.

ARTICLE PREMIER.

Bibles & Interprêtes.

1. *MENOCHIUS in Scripturam Sacram*, Edition du P. Tournemine. A Paris, chez Guerin, 1759. 2. vol. in-fol.   36 liv.
On l'a imprimé à Venife ; la premiere ne fe trouve prefque plus. L'Edition de Venife coute 12 liv..

2. *Janfenius Yprenfis in pentateucum*, in-4'.   6 liv.
Ce volume renferme des notes fur quelques autres Livres de l'Ecriture.

3. *Bellarminus in Pfalmos, in-fol*. & *in-4'*.   7 liv.
Il eft excellent pour le fens fpirituel : il faut y joindre le littéral.

4. M. Boffuet ou M Dupin, *in Pfalmos*. Ils parurent tous deux la même année 1691. *in-8'*. 3 *liv*. ou *Liber Pfalmorum cum notis, Op ra Francifci Bellenger, in-4'*. 6. *liv*. ou l'Edition *in-12*. 1747.   2 liv. 10 f.

5. *Janfenius Yprenfis in quatuor Evange- in-4'*.   4 liv. 10 f.
Cet excellent Commentaire n'eft pas fans défaut. On y reconoit en quelques endroits l'Auteur de l'*Auguftinus*.

on l'Abrégé du Commentaire de Janfenius de Gand, *in 4'*. 4 *liv.*
6. Analife fur le nouveu Teftament, par le P. Mauduit, 8 *vol. in-12.*
7. *Cornelius à lapide in Epift. Sti. Pauli*, *in-fol.* 4. *liv.*
8. *Difpofitiones Biblicæ*, du P. Fraffen. *in-4'*. 2 *vol.* le premier en 1691, le fecond en 1705.

ARTICLE II.

Saints Peres.

Nota. Quand on n'eft pas obligé d'écrire on peut fe contenter des anciennes Editions.

1. *Opera S. Bernardi*. La meilleure édition eft celle de Dom Mabillon, *fecundis curis*, 2 *vol. in-fol.* Les anciennes Editions fe trouvent à fort bas prix. Parmi celles-ci, celles qui font faites, *ftudio & labore Melonis Hortifii*, font les meilleures.
2. *Opera S. Cipriani*, *in fol'*. Les meilleures Editions font celles de Pamelius, de Rigaut & de M. Baluze.
3. *Opera S. Gregorii magni*. La meilleure Edition eft celle des Bénédictains, à Paris, chez Rigaud, *in-fol.* 1705. Celle de Guffamvillæus, à Paris, en 1675, eft en 3 *vol. infol'*.
4. *Opera S. Chrifoftomi*, *latine*, *in-fol.*

5 *vol.* Ses Homélies *ad populum Antionchenum*, font admirables

5. L'Apologetique & le livre des prescriptions de Tertullien.

ARTICLE III.

Conciles & Constitutions Dogmatiques.

1. *Notitia Ecclesiastica Historiarum & Conciliorum*, par Cabassut, *in-fol.*
2. *Concilium Provinciale Eberduni habitum*, en 1727. *Gratianopoli*, 1728. *in-4°.*
3. Inſtruction paſtorale approuvée par l'Aſſemblée du Clergé de France, & propoſée à tous les Prélats du Royaume. Février 1714. *Cette Inſtruction paſtorale ſe trouve dans un Recueil in-4°. de 86 pages, cité au nombre ſuivant.*
4. Deliberation de l'Aſſemblée des Cardinaux, Archevêques & Evêques, tenue à Paris en 1713 & 1714, ſur l'acceptation de la Bulle de Clément II. à Paris, chez Muguet 1714, *Ce Recueil contient neuf pieces importantes.*
5. Recuil des Mandemens des Evêques, de ce Royaume, pour l'acceptation de la Bulle *Unigenitus*. à Paris, 1715. *in-4. Il a été imprimé par ordre du Clergé, & il contient cent trente Mandemens.*

6. *Acta & decreta Sacræ Facultatis Parisiensis, super Constitutione Unigenitus observanda & executione mandanda.* à Paris, chez Mazieres & Garnier, *in-*4°. La premiere partie de 1730 a 94 pages, la seconde de 1731, en a 228.

ARTICLE IV.

Controverses.

1. Opuscules de Mr. Bossuet, 5 *vol. in* 12. 12 *liv.* Ce Recueil contient dix-neuf petits ouvrages de ce grand Controversiste, & sur-tout l'exposition de la Doctrine Catholique, la Conférence avec le Ministre Claude, les deux Instructions Pastorales sur les promesses de J. C. à son Eglise.
2. L'unité de l'Eglise contre le sistême de Mr. Jurieu, par Mr. Nicole *in* 12. 2 *liv.* 5 *s.* ou nouvelle Edition en deux petits vol. 3 *liv.* 12 *s.*
3. Les préjugés légitimes contre les Calvinistes. --- Les prétendus Reformes convaincus de Schisme, par le même. Même format & même prix.
4. Histoire du Prédestinatianisme, par le P. Duchesne Paris, 1724. *in* 4°. 6 *l.*
5. Histoire du Baianisme, par le même. à Douay. 1731. *in* 4°. 5 *liv.*
6. Les sept Mémoires sur les projets

du

du Janſeniſme. *in* 12. 2 *vol.*

7. Mandement du Cardinal de Biſſy, de 1710 contre le P. Juenin & le ſyſtême de Janſenius. *in* 4'.

8. Inſtruction Paſtorale du même Cardinal, de 1722. au ſujet de la Conſtitution *Unigenitus*, & de ſon acceptation, ſeconde Edit. Paris 1728. *in* 4'.

9. Mandement & Inſtruction Paſtorale du même, 1725. *in* 4'. *C'eſt une refutation d'un Ecrit intitulé* Reponſe à l'Inſtruction Paſtorale *de* 1722.

10. Lettre Paſtorale du même, du 14 Juin 1728. avec une Inſtruction contre l'Appel interjetté de la Bulle *Unigenitus* au futur Concile, Paris 1728. *in* 4'.

11. Mandement du même Cardinal, portant condamnation d'un Ecrit qui a pour titre *Conſultation des Avocats*, Paris 1728. *in* 4'.

12. Inſtruction Paſtorale du même au ſujet d'un Libelle anonyme, qui a pour titre: *Défenſe de la Conſultation, &c.*

13. Avertiſſements & Lettres Paſtorales de Mr. Languet de Gergy, Evêque de Soiſſons: au ſujet de la Conſtitution *Unigenitus*, en 1718. & 1719. *in* 4'. 2 *vol. Les trois premiers Avertiſſemens ſe trouvent ſéparément in* 12.

14. Inſtruction Paſtorale du même, devenu Archevêque de Sens, au ſujet des prétendus miracles du Diacre de St. Medard & des Convulſions arrivées à

son Tombeau, avec le journal des Convulsions, ajouté à la fin de cette instruction. Paris, veuve Mazieres & Garnier 1734. — *Tous les Ouvrages de ce sçavant Prélat ont été imprimez en latin à Sens, in fol. 2 vol. en 1752. Où se trouvent à Paris chez Garnier.*

15. Refutation des Anecdotes, par Mr. Lafiteau, Evêque de Sisteron. *in* 8°. 1 ou 3 *vol*

16. Réfutation de l'Histoire du Concile d'Embrun, par le même. *in* 8°.

ARTICLE V.

Théologiens.

1. *Analysis divinæ fidei*, Holden, Paris, 1685 *in* 12. Cet Ouvrage est très-bon, mais l'Auteur y avance sur l'inspiration des Livres Saints un sentiment dangereux.

2. Les Traités Théologiques de Mr. Tournely. 16 *vol. in* 8°. & surtout celui de l'Église. 2 *vol. in* 8°.

3. *Continuatio prælectionum Honorati Tournely*, par Mr. Collet. 16 *vol. in* 8°. 72 *liv.* Il y a 6 vol. sur la Morale & 10 sur les Sacremens.

4. Les Taités *de Deo & de Incarnatione*, par Mr. le Grand. Ils sont l'un & l'autre en 2 *vol in* 12. Le premier 5 *liv.* & le second.   5 l. 10 s.

5. *Tractatus de Trinitate & de Angelis.*
1 *vol in* 12. 2 *liv.* 5 *f.*
6. *Melchior Canus de locis Theologicis.*
in 8'.
7. On peut se servir, mais avec précaution de la Théologie de Mr. Habert & du P. Juenin : celui-là est très-bon pour la Morale, & celui-ci pour les Sacremens.
8. Les Traités de Mr. Witasse, *de Trinitate, de Eucharistia, de Incarnatione, de Pænitentia, de Confirmatione & de Ordine* : sont excellens ; mais ceux de la Pénitence & de l'Incarnation sont suspects & avec raison.
9. Questions sur l'incrédulité, par Mr. l'Evêque du Puy. Seconde Edit. 1753.
10. Preuves de la Religion Chrétienne contre les Spinosistes & les Deïstes, par Mr. le François, chéz Herissant. 8 *vol. in* 12. --- ou Traité de la vérité de la Religon Chrétiene, par Abadie. *in* 12. 3 *vol.* - - ou la Religion Chrétienne prouvée par les faits, par Mr. Houtteville. Nouvelle Edit. 3 *vol. in* 4'. & 4 *vol. in* 12.
11. Traité de l'Office Divin, par Mr. Collet. *in* 12.
12. Traité des Indulgences & du Jubilé, par le même. *in* 12. 2 *vol.*

ARTICLE VI.

Catechismes & Sermonaires.

1. *Institutiones Catholicæ*, *in fol.* 2 *vol.* Dans cette Edit. Latine du Catechisme de Montpellier les Textes des Saints Peres sont rapportés tout au long.
2. Le Catechisme de Bourges. *in* 4°. & *in* 12. 2 *vol.* ou 4 *vol.* --- ou exposition de la Doctrine Chrétienne par le Bougeant. *in* 4°. 1 *vol.*
3. Sermons de Mr. Massillon *in* 12. 13 ou 15 *vol.* --- Du P. Segaud, 6 *vol.* --- Du P. Cheminais. 5 *vol.*
4. Instructions familiaires de Mr. Lambert Docteur de Sorbonne sur les Evangiles, sur les Commandemens de Dieu & de l'Eglise, sur le Symbole des Apôtres. 7 *vol in* 12.
5. La maniere de bien instruire les Pauvres, & particulierement les Gens de la Campagne, par le même. *in* 12.
6. Traité de l'Eloquence du Corps, par l'Abbé Dinouart. *Seconde Edition in* 12.

ARTICLE VII.

Livres de Pieté.

1. Traité de la perfection de l'Etat Ecclesiastique, par le P. Belon

2 vol. in 12. Nouv. Edit. A Lion chez Bruysset. 1759.
2. Instructions Ecclesiastiques. 2 vol. in 8°. Au Puy. 1692.
3. De la Sainteté des Prêtres, traduit de Molina Chartreux. in 8°. Cet Ouvrage est bon, mais il se sent un peu de la Morale relâchée du dix-septieme siecle.
4. Retraite Ecclesiastique, dediée au Cardinal de Noailles, par Mr. Tiberge. 2 vol. in 12. A Paris chez Delespine. 1708.
5. Devoirs des Chrétiens, par Mr. Sarlat. A Toulouse chez Henault 1750. 2 vol. in 12.
6. Les Œuvres Spirituelles du P. Louis de Grenade, traduites par Mr. Girard. in fol.
7. Les Œuvres de St. François de Sales. in fol.
8. L'Esprit de St. François de Sales. in 8°.
9 Œuvres de Sainte Therese, traduites par Mr. Arnaud d'Andilly. 1670. 1. vol in 4° ou 2 vol. in 8°.

ARTICLE VIII.

Droit Canon, Discipline Ecclesiastique, Rits Sacrés.

1. Theoria & praxis Juris Canonici par Cabassut. 1 vol. in 4°. ou l'Edit,

1. *in fol.* avec les notes de Gisbert.
2. Dictionnaire du Droit Canonique, par Mr. de Maillane Avocat. 2. *vol. in 4°.*
3. Traité de la jurifdiction Eccléfiaftique, par Mr. Ducaffé. Nouvelle Edit. à Toulouse. 1763. *in 4°.*
4. Explication des cérémonies de la Meffe, par le P. le Brun, 4 *vol. in-8°.* 1726.
5. Critique de l'ouvrage précédent, par le P. Bougeant ; Paris, 1717, 2 *vol. in-12.*
6. Réponfe à cette critique fous ce titre *Défenfe de l'ancien fentiment fur la forme de la Confécration*, Paris, 1727, *in-8°.*
7. Excellente replique du P. Bougeant, à l'Ouvrage précédent. 2 petits *in-12.*
8. Abrégé des Mémoires du Clergé. 1752, *in-fol.* à Paris, chez Déprez.   27 liv.

ARLICLE IX.

Droit Civil.

1. LE Praticien univerfel, ou le Droit & la Pratique de toutes les Jurifdictions du Royaume, fuivant les nouvelles Ordonnances, par M. Couchot, huitieme Édition, corrigée par M. de la Combe, Paris, 1738, 2 *vol. in-*

4°. ou 6 *vol. in*-12.
* Dictionnaire de Droit & de Pratique, par M. C. J. de Ferriere, 2 *vol. in*-4°. 1740.

ARTICLE X.

Historiens.

1. Histoire de l'ancien & du nouveau Testament & des Juifs, par Dom Calmet, nouvelle Edition, 2 *vol. in*-4°. ou 5 *vol. in*-12.
2. Histoire de l'Eglise, par M. l'Abbé de Choisy, 11 *vol. in*-12. Paris, 1727. ou l'abrégé de l'Histoire Ecclésiastique de M. Fleury, à Avignon, 10 *vol. in*-12 1750.
3. Les Vies des Saints, par le P. Giry, Minime, *in fol.* nouvelle Edition, 2 ou 3 *vol.* -- ou celle du P. Croiset.
4. Abrégé de l'Histoire ancienne de M. Rollin, par l'Abbé Tailhé, 4 *vol. in*-12.
5. Histoire Romaine avec des réflexions, par le même, 4 *vol. in*-12.

ARTICLE XI.

Dictionnaires & Belles-Lettres, Philosophie.

1. Grammaire française, par M. Restaut, septieme Edition, *in*-12.

2. Synonimes de la Langue Française, par l'Abbé Girard, *in-12*.
3. Dictionnaire français, tiré de Richelet, 1 *vol. in-8°*.
4. Dictionnaire portatif des mots français dont la signification n'est pas familière à tout le monde, par l'Abbé Prévost, 2 *vol. in-8°*. 1755.
5. Traité des Études, par M. Rollin, 4 *vol. in-12*.
6. Recueil d'Oraisons Funebres, par MM. Bossuet, Fléchier, Mascaron & par le P. la Rue, 3 *vol. in-12*.
7. Pensées ingénieuses des anciens & des modernes, par le P. Bouhours, 1 *vol. in-12*.
8. Les entretiens d'Ariste & d'Eugene, par le même, *in-12*. avec l'excellente Critique qu'en a fait Barbier d'Aucour sur ce titre, *Sentimens de Cléanthe sur les entretiens d'Ariste & d'Eugene*, 2 petits *in-12*.
9. L'Oracle des nouveaux Philosophes, *in-12*. 2 *vol*.
10. Œuvres Philosophiques de M. Fenelon, *in-12*.
11. Eloge des Académiciens, par M. de Fontenelle, 2 *vol. in-12*.
12. Principes de littérature, par M. le Batteux, *in-12*. 4 *vol*.
13. Journées physiques à Lyon & à Paris, 2 *vol. in-8°*.
14. Métaphysique de l'Abbé Seguy, *in-12*. 2 *volumes*.

15. La Logique, par le même 1762. *in-12.*
16. Télémaque, par M. de Fénelon, *in-12. pour lire sans danger le second Livre de cet Ouvrage immortel, il faudroit une intention aussi pure & une piété aussi solide que celle de l'illustre Auteur qui l'a composé.*
17. Dictionnaire des Livres Jansénistes; 14. *vol. in-12. Nous n'approuvons point l'esprit de partialité qui paroît dans cet Ouvrage, mais nous croyons que la lecture en peut être utile pour connoître bien des Livres trop répandus.*

FIN.

TROISIEME CATALOGUE.

ARTICLE PREMIER.

Bibles & Interprètes.

1. Biblia latina vulgatæ versionis, à Paris, chez Vitré, 1652. *in-4°.* & *in-12.* 8 petits volumes *in-fol. La Chronologie qui est à la fin est de Dom Lancelot.*
2. La Sainte Bible en latin & en français, avec des notes & des dissertations tirées de Dom Calmet, 14 *vol. in-4°.* chez Guerin & ses Associés. *Cet abrégé de Dom Calmet est de M. Rondel.* — ou simplement la Bible de Car-

rieres, 6 vol. *in-4°*. avec les dissertations de Dom Calmet en français, 3 vol. *in-4°*. & en latin à Lucques, 2. vol. *in-fol.* -- ou *Biblia magna.* 5. vol. *in-fol.* Cette Bible renferme le texte de l'Ecriture avec les Commentaires de Tirin, de Ménochius d'Estius, d'Emmanuel Sa & de Gagneius, -- ou *Synopsis criticorum*, par Mathieu Pool, 6 vol. *in-fol.*

3. *Genebrardus in Psalmos*, 1 vol. *in-8°*. -- ou *Jansenius Gandavensis*, 1 vol. *in-fol.* -- ou *de Muis* (*Muisius*) *in-fol.*

4. *Maldonatus in Evangelia, in fol.* 1 vol. l'Edition la plus recherchée est celle de Pont-à-Mousson, en 1596.

5. *A Piconio in Paulum, in-fol.* -- ou *Cornelius à lapide in Paulum.*

6. Dictionnaire de l'Ecriture Sainte, par Dom Calmet, 4 vol. *in-fol.* 1730.

7. Le sens littéral de l'Ecriture Ste. défendu contre les Antiscripturaires & les incrédules modernes, traduit de l'Anglois de Stackouse, à la Haye, 1738, 3 vol. *in-8°*. se trouve à Paris, chez Guerin.

8. Traités Géographiques & Historiques pour faciliter l'intelligence de l'Ecriture Sainte, par divers Auteurs célèbres, recueillis par Antoine Bruzen de la Martiniere, à la Haye, 1730, 2 vol. *in-12.*

9. Chronologie sacrée, par M. des Vignoles, à Berlin, 1738, 2 vol. *in-4°*.

10. Nouvelle Traduction du Prophète

Isaïe, *in-12.* Paris, 1760, joignez-y
Isaïe vengé, Paris, 1761. *in-12.*

ARTICLE II.

Saints Peres.

1. *Sancti Augustini opera.* L'Edition de Paris, du Grand Navire, qui est la meilleure des anciennes, & la plus sûre de toutes, a 9 ou dix *vol in-fol.* La nouvelle des Bénédictains, *à Paris,* 1679 a 11 *tomes en* 8 *vol. in-fol.*

2. *Opera S. Hieronimi, — S. Ambrosii, — S. Basilii, — S. Gregorii Nazianzeni, &c.* Voyez dans le Dictionnaire Historique de l'Advocat quelles sont les meilleures Editions.

3. *Opera Tertulliani cum Pamelii & Rigaltii annotationibus,* 1 *vol. in-fol.* Les meilleures Editions sont depuis 1660.

4. Histoire générale des Auteurs Sacrés & Ecclésiastiques, contenant l'analyse & la critique de leurs Ouvrages, &c. par Dom Ceillier, Bénédictin. Il y en a au moins 22 *vol. in-4'.* — ou la Bibliotheque portative des SS. PP. *in-8'.* Il y en a actuellement 9 *vol.*

ARTICLE III.

Conciles & Constitutions dogmatiques.

1. Traité de l'Etude des Conciles par M. Salmon, *in 4°.*
2. *Thomassini Dissertationes & notæ i Concilia*, Paris, 1667, *in 4°.*
3. *Collectio maxima Conciliorum per Philippum Labbeum & Gabr. Cossartium* Paris, 1672. 18 *vol. in-fol.* Le dernie tome de cette collection, intitulé ; *Jacobatius de Conciliis*, est rare & manqu assez souvent. -- ou à son défaut quel qu'une des anciennes Collections comme celle de Binius, 4 *vol. in-fo* Voyez le Discours préliminaire du Dic tionnaire portatif des Conciles. -- o quelqu'une des sommes des Conciles i diquées au même endroit.
4. *Vera Concilii Tridentini historia à S. fortia Pallavicino Cardinal Antue piæ*, 1670, 3 *vol. in-4°.*
5. Histoire des Conciles généraux, p M. Hermand, 4 *vol. in-4°.*

ARTICLE IV.

Controverses.

1. Histoire des hérésies par M. He mant, 4 *vol. in-12.*

2. *Colle*

2. *Collectio Judiciorum de novis erroribus qui ab initio 12 seculi usque ad annum 1735. in Ecclesia proscripti sunt, operâ & studio Carol. Duplessis d'Argentré, Episc. tutell.* Paris, 1736. 3 *vol. in-fol.*

3. *minutii fœlicis octavius*, 1707 *in-*8°. — ou la traduction de ce livre, par Dablancour, 1677. *in-*12.

4°. *Roberti Bellarmini disputationes de controversiis Christiani fidei adversus hujus temporis hæreticos. Inglossadii*, 4 *vol. in-fol.* Il y a un grand nombre d'autres éditions. — On a donné à Venise en 1721, une Edition de Bellarmin, en 7 *vol. in-fol.* elle contient outre ses controverses, son Commentaire sur les Pseaumes, son Catalogue des Ecrivains Ecclesiastiques, &c. — Gretser a pris la défense de Bellarmin.

5°. *Adriani & Petri de Vallenbroch, tractatus generales de controversiis fidei* Coloniæ 1670, 2 *vol in-fol.* cet excellent Ouvrage est rare, il y en a un abrégé en un *vol. in-*12.

6. Ouvrages de M. Bossuet, 20 *vol. in-*4°. Quand on a ceux que nous avons indiqués dans les deux Catalogues précédens, on peut facilement se passer du reste.

7. Reflexions sur les différens de la Religion, par M. Pelisson, 4 *vol. in-*12. en y joignant *la tolérance des Religions* qui en est la suite.

8. Méthode pour ramener les hérétiques

E

à l'Eglise, par le Cardinal de Richelieu, *in-4°. 1 vol.*

9. Les Œuvres de M. Papin, en faveur de la Religion, *3 vol. in-12.*

10. La perpétuité de la foi, par M. Nicole, *1 vol. in-12.* -- La défense de cet Ouvrage, *3 vol. in-4'.* & en ajoutant les deux volumes in-4'. de l'Abbé Renaudot, la question est épuisée.

11. Les Ouvrages de M. Cordemoy, à sçavoir, 1°. son traité de l'infaillibilité de l'Eglise, *in-12. 1713.* 2'. De l'éternité des peines de l'enfer contre les Sociniens, *in-12. 1697.* 3'. Traité contre les Sociniens, ou la conduite qu'a tenu l'Eglise dans les trois premiers siecles, en parlant de la Trinité & de l'Incarnation, Paris 1696 & 1717.

12. Histoire des fanatiques du Vivarais, par M. de Brueys, *in-12.* & celle du fanatisme des Cevennes, par le même, *in-12.*

13. Nullité des Ordinations anglicanes, par le Pere le Quien, Dominicain, Paris, 1725, *in-12.*

14. La nullité des Ordinations Anglicanes, demontrée de nouveau contre la défense du Pere le Courayer, Docteur d'Oxford, par le même, *2 vol. in-12. Ce second ouvrage fort estimé & qui est le meilleur de cet Auteur, se trouve difficilement.*

15. Expositions historique de toutes les hérésies & erreurs que l'Eglise à con-

damnées fur les matieres de la grace & du libre arbitraire, Paris, 1714, *in*-12.
16. *Caufa Quefnelliana*, *Bruxelles*, 1707. *petit in-4°. ou in-8°*.
17. Relation fidelle des Affemblées de Sorbonne, touchant la Conftitution Unigenitus, *in*-12.
18. Le P. Deschamps, *de hæresi janfeniana*, 1 *vol. in-fol*.
19. Les fentimens de S. Auguftin, oppofés à ceux de Janfénius par le Pere Pouq, Lyon, 1700, *in-4°*
20. Le Pere Fontaine fur la Conftitution, *in-fol* — ou traité théologique fur les cent & une propofitions, par M. le Cardinal de Bify, 1720, 2 *gros vol. in-4°*.
21. Les neuf entretiens du P. Lallemant, 10 *vol. in-*12. *cet ouvrage est à la portée des peuples*.
22. Les Ouvrages, Mandemens, Lettres & Inftructions paftorale contre les erreurs du Janfénifme, de M. de Fenelon, Archevêque de Cambrai ; — de M le Cardinal de Mailly, Archevêque de Reims ; — de M de Saleon, Archevêque de Vienne ; — de M de S. Albin, Archevêque de Cambrai ; — de M. de Belzunce, Evêque de Marseille.
23. Ouvrages de M. Languet, Archevêque de Sens, 5 *vol. in-4°. ou en latin*, 2 *vol in-fol*.
24. Mandement de M. le Normant, Evêque d'Evreux, fur la Confultation des

Avocats contre le Concile d'Embrun.
25. La seconde lettre de Dom Tuilier, Bénédictin, *in-12 & in-4*.
26. Lettres de Monsieur l'Evêque de Bethléem au sujet des prétendus miracles & des convulsions, *2 vol in-4*.
27. Instruction familiere sur la prédestination & sur la grace, par demandes & par réponses. Liége, 1721, *petit in-2*.
28. Objections & réponses au sujet de la Constitution *Unigenitus*, *in-2*.
29. Lettres de M. l'Evêque de N. à son Eminence Monseigneur le Cardinal de Noailles, au sujet de son Mandement pour la publication de l'appel, *in-12*.
30. Caracteres de l'erreur, *in-12*.
31. Préjugés légitimes contre le Jansénisme, avec une Histoire abrégé de cette erreur, 1686, *in-12*.
32. *Puisque l'erreur du Richerisme, & plusieurs autres qui attaquent la Jurisdiction Ecclésiastique, sont du nombre des erreurs de ce siecle, il convient d'indiquer ici les principaux ouvrages contre ces erreurs, sçavoir*, 1°. Le Mandement de M. l'Archevêque de Cambrai, contre la consultation des quarante Avocats, du 6 Mars 1731. — 2°. L'Instruction pastorale de M. l'Archevêque d'Embrun, sur la même consultation, du 26 Janvier 1731, — 3°. l'Ordonnance & Instruction pastorale de M. l'Archevêque de Paris, contre la même consultation, du 10 Janvier 1731, — &

le Mémoire présenté au Roi par le même Archevêque, sur le même sujet, du 5 Mars 1731.

ARTICLE V.

THEOLOGIE.

1. Sanctæ Thomæ totius Theologiæ summa cum Commentariis Thomæ Devio ---Cajetani Cardinalis. Lugduni 1588, 3 vol in folio. Et les Opuscules de ce Cardinal. 1 vol in folio, l'Edition de Rome est de 1570.
2. Sylvius inſ Thomam 4 vol. in folio. Il y a 2 autres vol. in folio. Du même Auteur sur l'Ecriture Sainte, les controverses & la morale.
3. Scholæ Salmaticensis Theologia moralis venetiis. 3. vol in folio.
4. Dionisii Petavii Dogmata Theologica, Paris 1644, 5 vol. in folio Ou Edition d'Anvers, 6 Tomes, qui se relient en 3 vol.
5. Summa suaresii, 1 vol in folio.
6. Traité de la grace, par le P. Daniel. 2 vol. in 12.
7. Défense de St. Augustin, par le même. in 12.
8. Conférences de Paris, sur le mariage, 5 vol. in 12. & sur l'usure, 4 volumes.
9. Dictionnaire des cas de conscience de

Pontas. 3 *vol. in folio.* Et celui de Fromageau & de Lamet. 2 *vol. in folio.*
10. *Quæstiones disputatæ S. Thomæ. in fol.*
11. Preuves de la divinité de Jesus-Christ, contre les sociniens par un Benedictin de la Congrégation de St. Maur ; chez Collombat. *in folio,* en latin & en français, plusieurs *vol. in* 12.
12. *Petri Huetii Demonstratio Evangelica,* troisieme édition 1690. *in folio.*
13. La Religion Chrêtienne prouvée par l'accomplissement des propheties de l'ancien & du nouveau Testament, suivant la méthode des SS. Peres, par le Pere Baltus, Paris 1725. *in* 4'.
14. Défense des SS. PP. accusés de Platonisme, par le même ; Paris, 1711. *in* 4'.
15. Reponse à l'histoire des Oracles de Mr. de Fontenelle, par le même, à Strasbourg, 1707, *in* 8'.---Et suite de cette Réponse, 1708. *in* 8'.
16. Défense des Propheties de la Religion Chrêtienne par le même, Paris 1738, 3 *vol. in* 12.
17. La Religion Chrêtienne, authorisée par le témoignage des anciens Auteurs Payens, par le P. Colonia. 2 *vol. in* 12.
18. Lettres sur divers sujets concernant la Religion & la Métaphisique, par Mr. de Fenelon, Archevêque de Cambray ; Paris, Etienne *in-* 2.
19. Traité de l'incrédulité, par Leclerc, *in* 12.
20. Traité des superstitions, Par Thiers, 4 *vol. in* 12. chez Bordelet.

21. Histoire des pratiques superstitieuses, par le P. Lebrun. 4 *vol in* 12.

───────────────

ARTICLE VI.

Livres Spirituels.

1. DE la Singularité des Clers, traduit de St. Cyprien, *in* 12.
2. Le Pastoral de saint Charles Borromée, traduit en Français; Lyon 1716, *in* 12.
3. Le Pastoral du Diocèse de Limoges, *in* 12, 3 *volumes*.
4. Explication des Epitres & Evangiles de l'année, à l'usage des Ecclésiastiques, par un Prêtre de l'Oratoire (le P. Bourrée) *in* 8°. 5 *vol.*
5. Les Ordinations des Saints, avec des maximes sur la sainteté & les devoirs de la vie Ecclésiastique, par Mr. Lambert; Rouen, 1707, *in* 12.
6. *Forma Cleri*, par Mr. Tronçon, *in* 4°.
7. Conférences & Institutions de Cassien, 2 *vol in* 8°. français, & 1 *vol. in* 8°. latin.
8. Les Œuvres d'Avila, Paris 1673, *in fol.*
9. De la connoissance & de l'amour de Notre-Seigneur, par le P. Saint Jure, *in folio.*
10. Les Œuvres spirituelles de M. de Fene-

lon, Archevêque de Cambray, 5 vol. in 12; chez Guerin & Delatour.

11. Introduction à la vie intérieure par le Pere le Maſſon, Chartreux, 2 vol. in 8°.

12. Fondemens de la vie ſpirituelle du P. Surin, in 12

13. Dialogues ſpirituels, du même, 3 vol. in 12.

14. Conduite du Confeſſeur par le P. Seignery, in 12.----Conduite du Pénitent, par le même, in 12.

15. Lettres de Saint François Xavier, in 8°. & in 12.

16. *Exercitia ſpiritualia Sancti Ignaii.*

17. Méditations pour tous les jours de l'année, par le Pere Seignery, Paris, 5 vol. in 12.

18. Conſidérations Chrétiennes, pour tous les jours de l'année, par le Pere Craſſet, 4 vol. in 12. ------Conſidérations ſur toutes les actions du Chrétien, par le même, in 12. ----Préparation à la mort, par le même, in 12, chez Heriſſant.

19. L'Homme d'Oraiſon, ou Méditations & Entretiens pour tous les jours de l'année, par le P. Nouet, Jéſuite; Paris chez Heriſſant, 9 *volumes in* 12. ---Et ſes Rétraites, 5 *vol in* 12.

20. Méditations ſur les Epîtres & Evangiles par un Solitaire de ſept Fons, 4 vol. in 12 : *il faut prendre l'Edition corrigée de* 1753.

21. La vie de Jeſus-Chriſt par le Pere

Montrueil, revue par le P. Brignon ; Guerin, 3 *vol. in* 12.

22. Les véritables Actes des Martirs, récueillis par Dom Ruinard, Bénédictin, traduits en françois. Guerin, 2 *vol. in* 12.

23. Vie de Sain François de Sales, par Mr Marfollier, 2 *vol. in* 12. Bordelet

24. Vie de Saint Charles-Borromée, l'ancienne par Juffano, *in* 4'.

25. Vie de Saint Vincent de Paul, par Mr. Collet, 2 *vol. in* 4'. ----Ou l'abrégé *in* 12. ----Ou l'ancienne par Mr. Abelly, *in* 4'.

26. Vie de St. Ignace de Loyola, par le P. Bouhours, *in* 4'. & *in* 12 ; Bordelet.

27. Vie de Saint François Xavier, par le même, 2 *v l. in* 12, Bordelet : Ces deux vies font très bien écrites, auffi bien que la fuivante.

28. Vie de Saint Louis de Gonzagues, & de Saint Staniflas Koftka, par le P. d'Orléans, 1 *vol. in* 12.

29. Vie de Saint Dominique, *in* 4'. Bordelet ---De Dom Bartelemi des Martyrs, le Petit 1663.

30 Vie de Saint Thomas d'Acquin, 1 *vol. i* 4'.

31. Vie de Saint François d'Affife, par le P. Candide-Chalippe, 2 *vol. in* 12.

32. Vie de Mr. Boudon, par Mr. Collet, nouvelle Edition, 1 *vol.* in 12.

33. La vie de Saint François de Borgia, *in* 4'. Par le P. Verjius.

34. La vie de Mr. Lenoblets, Missionnaire de Brétagne, par le même, *in* 8'.
35. Vie de Mr. de Rancé, Réformateur de Latrappe, par Mr. Marsollier, 2 *vol. in* 12.
36. Vie de Madame de Chantal, par le même. 2 *vol. iu* 12.
37. Vie de Saint Louis, par Mr. de la Chaise : *C'est la plus exacte*. Le Sire de Joinvile, & l'Abbé & de Choisi, en ont aussi donné qui sont estimées.
38. Mr. Hermant a donné les Vies de plusieurs Docteurs de l'Eglise, *voyés son article, dans le Dictionnaire de l'Advocat.*
39. La Vie de Saint Jerôme, par Dom Martianay 1 *vol. in* 4'.
40 La Vie de M. Claude Bernard, pauvre Prêtre par le Pere Lempereur, 1 *vol. in* 12.
41. La Vie & les vertus de Mr. le Duc de Bourgogne, pa le P. Martineau,
42. *Les Auteurs qui traitent spécialement de ce qui appartient à la Théologie Mystique ; c'est-à-dire, de la perfection de la vie & des Vertus Chrétiennes, de l'Oraison & de la Contemplation & des faveurs de Dieu extraordinaires, sont,*
1'. St. Bernard, dans ses Sermons sur le Cantique des Cantiques, 2 *vol. in* 8'. 2'. St. Bonovanture dans son Opuscule, qui a pour titre *stimulus amoris* ; & dans plusieurs de ses Opuscules. 3'. St. Thomas, dans son Opuscule *de perfectione vitæ spiritualis*. 4'. S. François de

Sales, dans son Traité de l'amour de Dieu, *marqué ci-deſſus*. 5'. Ste. Thereſe, dans tous ſes Livres qui compoſent ſes œuvres, *marquées ci-deſſus*, & dans ſes Lettres dont on vient de donner une nouvelle Edition augmentée, *en deux volumes in* 4'. chez Garnier. 6', St. Jean de la Croix, dans ſes œuvres ſpirituelles ; Paris, Couterot, *in* 4'. 7'. Caſſien, dans ſes Conférences *marquées ci-deſſus*. 8'. Les œuvres d'Avila. ----Et les Œuvres ſpituelles de M. de Fenelon, *marquées ci-deſſus*. 9'. Le P. le Gaudier, dans l'Ouvrage, qui a pour titre : *de natura & ſtatibus perfectionis* ; *Pariſis*, 1643, *in folio*. 10'. Le P. Surin, dans ſes Ouvrages, *marqués ci-deſſus* ; & de plus dans ſon Catechiſme ſpiritel, 2 *v. in* 12. & dans ſes Lettres, 3 *vol. in* 12. 11'. Les Ouvrages de Guilloré ; ſçavoir, les Maximes ſpirituelles, 2 *vol. in* 12; les illuſions de la vie ſpirituelle, 1 *vol. in* 2. Conférences ſpirituelles, 2 *vol. in* 12. 12'. Les Etats d'Oraiſon par Mr. de Boſſuet, 1 *vol. in* 8'. 13'. Les ſaintes voies de la Croix ; le Regne de Dieu dans l'Oraiſon mentale, par Mr. Boudon. 14'. Tradition Peres & des Auteurs Eccléſiaſtiques ſur la contemplation, par le P. Honoré ; Paris, de Nulli, 1708, 3 *vol. in* 8'.

ARTICLE VII.

Catechifmes & Sermonaires.

1. Le Catéchifme du P. de Grenade, traduit par Mr. Girard, 1 vol. in folio, ou 4 in 8°.
2. Le Catéchifme de Nantes, par Mr. Mefnard, 1. vol. in 8°.
3. Sermons fur les plus importentes matieres de la Morale Chrétienne, à l'ufage des Miffions ; à Paris, 8 vol. in 12. (*Ce font les fermons du P. Lejeune, corrigés par le P. Loriot*) ou plûtôt l'ancienne Edition; Paris, Lonard, 10 v. in 8°.
4. Sermons du P. Girouft, 5 vol. in 12.
---Du P. Bretonneau, 7 vol. in 12.
---Du P. d'Orleans, 2 vol. in 12.

ARTICLE VIII.

Droit Canon, Difcipline Eccléfiaftique Rits facrés.

1. Corpus juris Canonici, par Mr. Pithou ; à Paris 1687. Ou l'Edition d'Allemagne, à la fin de laquelle on trouve : *feptimus decretalium Liber* ; & 70a. Pauli Lanceloti *inftitutiones juris*

Juris Canonici; Editions rares & cheres, sur-tout celle de Paris.
2. Le Droit avec la Glose, Edition de Rome, ou de Paris, du grand Navire, 1583 & suiv. 3 *vol. in folio*
3. Pirrhin, sur les décretales, 4 *vol. in folio*. Ou Fagnan, 3 *vol. in folio*. *Il y a dans l'Edition de Fagnan, faite depuis quelques années à Besançon, une table excellente.* Cette nouvelle Edition se trouve à Paris chez Bordelet.
4. Les Loix Ecclésiastiques par M. Hericourt, 1 *vol. in folio.*
5. Institution au Droit Ecclésiastique, par Mr. Gibert, 1736. 2 *vol. in 4°*.
6. Consultations Canoniques sur les Sacremens, par le même, 11 ou 12. *vol. in 12.*
7. Définitions Canoniques par Perard, Castel, avec les notes de Dunoyer; Paris, 1702, *in folio.*
8. Nouveau Récueil de plusieurs qu'estions notables, sur les matieres Bénéficiales par le même, 1686, 2 *vol. in folio.*
9. Commentaire sur les Régles de la Chancellerie, Rom. traduit de Charles Dumoulin, par le même, *in folio.*
10. Traité de l'usage & de la pratique de la Cour de Rome, avec les remarques de Dunoyer, 2 *vol. in 12.*
11. Récueil des Procédures Civiles, des Officialités, par Mr. de Lacombe, 1705, Paris, *in folio.*
12. Récueil des Procédures Criminelles

des Officialités, par le même, Paris 1700. *in* 4'.
13. Traité des Bénéfices par Mr. Goard, Paris, 1736, 3 *vol. in* 4'.---*On estime aussi Flaminius.*
14. Des personnes & des choses Ecclésiastiques & Décimales, avec un Traité de la Régale & des pensions, par Germ-Fornget, Rouen, *in* 8, *rare.*
15. Histoire des Revenus Ecclésiastiques, où il est traité, selon l'ancien & le nouveau Droit, de tout ce qui regarde les matieres Bénéficiales, de la Régale des Investitures, des Nominations attribuées aux Princes, par Jerôme Acosta, nouvelle Edition 1706, 2 *vol. in* 12.
16. Récueil de Jurisprudence Canonique & Bénéficiale, par ordre alphabetique, avec les Pragmatiques & Concordats, Bulles & Indults des Papes, &c. par Mr. Gui-Rousseau de Lacombe, *in folio*: Cet Ouvrage a été fait sur les Mémoires de Mr. Fuet, la premiere Edition est de 1748, à Paris, je ne sçai si la seconde a paru.
17. Notes sur l'Edit de 1695 par Duperray, Paris, 2 *vol. in* 12.
18. Commentaire sur le Concordat, par le même, *in* 12.
19. Traité de l'abus par Fevret, Lyon, 1736. 2, *vol in f. Joignez-y la réfutation de cet Ouvrage, faite à la demande du Clergé de France*, sous ce titre: *Ecclesiasticæ Jurisdictionis, vindiciæ, &c.*

Ab antonino Dadino Altefferra utriufque juris Profeffore, & decano Univerfitatis Tolofanæ, 1 vol in 4'. 1702.
20. Commentaire fur le Traité, des libertés de l'Eglife Gallicane de Mr. Pierre Pithou, Paris, 1652. *in* 4'.
21. Les libertés de l'Eglife Gallicane, avec les preuves, 4 *vol. in folio.* Edition de 1731.
22. Commentaire fur les libertés de l'Eglife Gallicane, par Dupui, Paris 2 *vol. in* 4'. 1715.
23. *Petri de Marca, concordia Sacerdotii & Imperii, in folio*, Edition de 1704, chez Guerin.
24. Traité pacifique du pouvoir de l'Eglife & des Princes fur les empéchemens du Mariage, par Gerbais 1690, *in* 4'. Paris.
25. Traité des Excommunications par M. Eveillon, Chanoine d'Angers, 1. *vol. in* 4'.
26. Décifions faites en Sorbonne fur la pluralité des Bénéfices, Paris chez Coignard.
27. Le Code des Curés, novelle Edition 3 *vol in* 12
28. Récueil des décifions importantes fur les obligations des Chanoines, par Mr Ducandas, Chanoine de Noyon, Paris, Heriffant, *in* 12.
29 La Difcipline Eccléfiaftique, par le P. Thomaffin, *in folio*, 3 *volumes :* prenez *l'Edition de* 1725. *à Paris chez Montalant.*

30. Les anciens Mémoires du Clergé de France, imprimés en 1675 ; par l'Abbé le Gentil., 6 vol. *in folio*.
---Les nouveaux Mémoires en 12, vol. *in folio*.

31. Œuvres de Saint Charles Borromée, nouvelle Edition à Rome, 4 vol. *in folio*.

32. Joan Bona, Card. *rerum Liturgicarum Libri duo cum appendice*, Paris, Billaine, 1672. *in* 4'.

33. *Pontificale Romanum*, Paris 1663, *in* 12.
-----Ou autre *Curâ Card. Albani, cum figuris*, Bruxellis, 1712, 3 vol. *in* 8'.

34. *Ceremoniale Episcoporum cum figuris*, Romæ, 1651. *in* 4'.

35. *Guilhelmi Durandi Rationale Divinorum Officiorum*, 614, *in* 8'.

36. *Joan Steph. Duranti, de Ritibus Ecclesiæ Catholicæ, Libri tres.* Romæ, 1591. *in* 8'. ou *Coloniæ* 1592. *in* 8'. Ce Duranti étoit Premier Président du Parlement de Toulouse.

37. *Thesaurus Sacrorum Rituum. Barthol Gavanti, cum Decretis novisque observationibus Cajetani Mariæ Merati.* Romæ 1737. 4 vol *in* 4'. ou 2 vol. *in fol.* cette nouvelle Edition surpasse de beaucoup toutes les précédentes.

38. *De Synodo Diœcesana --De festis SS. -- De Sacrificio Missæ* Ces trois Ouvrages sont de Benoit XIV. *Le recueil des ouvrages de ce savant Pape est en* 15 *vol. in fol. & in* 4'. On a fait deux abregez de son grand ouvrage de la Canoni-

sation des Saints. L'un & l'autre sont en 1 *vol. in* 12. *Le premier est d'un Chanoine Regulier de Chancelade.* --- *Le second est du Pere d'Audiere Capucin.*

39. Me. Piales Avocat au Parlement de Paris, a donné depuis peu 20 ou 22 *vol. in* 12 qui sont estimés, sur les collations & provisions des Bénéfices, les provisions en Cour de Rome, les Dévolus, les Commandes, les Gradués, &c.

Nota. Nous avons mis en cette classe du Droit Canonique, tous les Ouvrages qui peuvent le plus servir à en donner une entiere connoissance aux Ecclésiastiques, qui depuis long-temps négligent beaucoup cet étude; quoiqu'en plusieurs de ces Ouvrages il se trouve un grand nombre de principes fort mauvais que nous ne prétendons en aucune façon approuver.

ARTICLE IX.

Droit Civil

1. *Corpus Juris civilis.* A la Haye. 2. *vol. in* 8°. --- ou les Institutes de Justinien, avec les Notes de Vinnius ou de Pacius.
2. Nouvelle introduction à la Pratique, par C. J. de Feriere. *Prenez l'Edition en* 2 *vol. in* 4°.
3. Conference des Ordonnances de Louis

XIV. avec celles des Rois ſes Prédéceſ-
ſeurs, par Bornier, nouvelle Edition
augmentée ſur les nouvelles Ordonnances de Louis XV. Paris 1751. 2 *vol in
4'. On trouve en cet ouvrage les Ordonnances de Louis XIV. données à St. Ger-
main, imprimées auparavant en 4 vol.
in 24. ſous ce Titre* : Code de Louis
XIV.

4. Les principes de la Juriſprudence
Françaiſe, expoſés ſuivant les différentes eſpeces d'actions (Paris, chez
Briaſſon 1750. 2 *vol. in* 12.
5. Coutumes de Paris *in* 24. & le petit
Ferriere ſur ces coutumes 2 *vol. in* 12.
6. Les Loix Civiles de Domat. Paris
1745. *in fol.* chez Bordelet.
7. Le Parfait Notaire, 2 *vol. in* 4'.

ARTICLE X.

Hiſtoire.

1. Méthode pour étudier l'Hiſtoire,
par l'Abbé Lenglet Dufrenois,
5 *vol. in* 4'. 1729.
2. Introduction à l'Hiſtoire Univerſel-
le, par Daniel Thieupont, 2 vol. in 4'.
3. Hiſtoire Eccleſiaſtique de Mr. de
Fleuri, 20 *vol. in* 4'. *& in* 12. *avec la
ſuite, en* 16 *vol.* On a donné depuis
peu la Table des Matieres en 4 *vol.*
4. Obſervations Critiques ſur l'Hiſtoi-

re de Fleuri, 2 vol. in 4°. A Avignon.
5. Histoire de l'Eglise Gallicane, par le P. Longueval, & continuée par les Peres Fontenay, Brumoy & Berthier. 18 vol. en 4°.
6. Annales Ecclésiastiques, par le Cardinal Baronius, avec la continuation, par Abraham Bzovius.
7. Critique des Annales de Baronius, par le P. Pagi Cordelier, 4. vol. in fol.
8. Abregé des Annales de Baronius, avec la suite, par Mr. de Sponde, 5 vol. in fol.
9. *Natalis Alexandri, Historia Ecclesiastica*, 8 vol. in fol.
10. Mémoires pour servir à l'Histoire Ecclésiastique des 6 premiers siecles, par Mr. de Tillemont, 16. vol in 4°.
11. Histoire des Juifs, par Joseph, traduite par Arnaud d'Andilly, 2 vol. in fol. ou 2 vol in 4°. ou 6 vol. in 12. Paris, chez Giffey & Bordelet.
12. Histoires par Maimbourg. 1°. de l'Arianisme. 2°. des Iconoclastes. 3°. du Schisme des Grecs. 4°. des Croisades. 5°. de la décadence de l'Empire après Charlemagne. 6°. du grand schisme d'Occident. 7°. du Lutheranisme. 8°. du Calvinisme. 9°. de la Ligue. 10°. du Wilecianisme, se trouvent chez Bordelet, *in 4°. & in 12*.
13. Histoire du Socinianisme. Paris, chez Barois 1723. *in 4°.*
14. Histoire du Nestorianisme, par le P. Doucin, 1 vol. in 4°.

15. Histoire de l'Origenisme, par le même, 1 vol. in 4'.
16. La vie de Pelage, 1 vol. in 12.
17. Dissertations sur le Concile de Rimini, sur le fait du Pape Liberius, &c. par Mr. Corgne.
18. Histoire des Ordres Religieux, par le P. Heliot Picpus, 8. vol. in 4'.
19. Histoire du Japon, 6 vol. in 12. par le P. Charlevoix, ou 2 vol. in 4'. 1730.
20. Nouveaux Mémoires des Missionnaires Jesuites au Levant, Paris 1723. 8 vol. in 12.
21. Description Geographique, Historique de l'Empire de la Chine & de la Tartarie Chinoise, par le P. Duhalde. Paris. 1735. 4 vol. in fol. ce grand Ouvrage demanderoit un abregé.
22. Pour avoir la suite de l'Histoire de la Chine, il faut avoir les Recueils des Lettres Edifiantes des Peres Missionnaires de la Chine & des Indes, postérieurs à l'Histoire précédent, *savoir le 22' Recueil & les suivans*. Il y a actuellement 27 Recueils, qui se relient en 25 vol. in 12. & se trouvent à Paris chez Guerin
23. Relation des Missions du Paraguay, par Mr. Muratory, in 12.
24. Histoire des Juifs & des peuples voisins, traduite de l'Anglois de Mr. Frideaux, 6 vol in 12. Cavelier, ou 2 vol. in 4'.
25. Histoire Ancienne de Mr. Rollin. 14 vol en 12 & 6 vol. in 4'.

26. Histoire Romaine, du même, 24 vol. in 12. & 8 vol. in 4'.
27. Histoire Romaine, d'Echard, 16 vol. in 12.
28. Histoire des Empereurs, par Mr. de Tillemont, 6 vol. in 4'.
29. Histoire de France, par le P. Daniel, nouvelle Edition. --- Par le Pere Griffet, 17 vol. in 4'. --- ou l'Abregé de cette Histoire, Paris 1751. 12 vol. in 12. --- ou Histoire de France, par Mezerai. *L'Abregé est préférable.*
30. Histoire de Theodoze le Grand, par Mr. Flechier, 1 vol. in 4'.
31. La vie du Cardinal Ximenés, par le même, 2 vol. in 12. & in 4'. --- ou par Marsollier.
32. Histoire de Malthe, par Mr. de Vertot, 5. vol. in 12.
33. Les Revolutions de Suede, par le même, troisieme Edition, 2 vol. in 12. --- Les Revolutions de Portugal in 12. Revolutions Romaines par le même, in 12. 3 vol --- Histoire Critique de l'établissement des Bretons dans les Gaules, par le même, in 12. 2 vol.
34. Revolutions d'Angleterre, par le P. d'Orleans, 3 vol. in 12. --- Histoire des Revolutions d'Espagne, 1734. 3 vol in 4'. avec la suite, par les Peres Arthuis & Brumoy.
35. Histoire d'Espagne, 10 vol. in 4'. chez Bordelet.
36. Histoire d'Allemagne, 11 vol. in 12.
37. Histoire d'Angleterre, par Mr. Ra-

pin de Thoiras. *La meilleure Edition est en 14 ou 16 vol. in 4'.* --- ou seulement l'Abregé. *3 vol. in 4'.*

38. Histoire de l'Isle Espagnole ou de St. Domengue, par le P. Charlevoix. Paris, Guerin 1730, 2 vol. in 4'. ou 4. vol. in 12.

39. Histoire & description générale de la nouvelle France, avec le Journal historique d'un voyage fait par ordre du Roi dans l'Amérique Septentrionale, par le même, Paris Giffart, 1744. 3 vol. in 4'.

40. Histoire du Traité de Westphalie, par le P. Bougeant, 6 vol. in 12.

41. Histoire de Louis XIV. par Mr. Reboulet, 3 vol. in 4'.

ARTICLE XI.
Dictionnaires, Belles-Lettres, Philosophie, &c.

1. Dictionnaire de Moreri, nouvelle Edition, par Mr. Drouet, *in fol.* 10 vol.

2. Le Dictionnaire de l'Academie Françoise, *in fol.* 2 vol. --- ou de Trevoux, *in fol.* 7 vol. *Le Dictionnaire de Furetiere est entierement refondu dans celui de Trevoux* --- ou celui de Richelet, nouvelle Edition *in fol.* 3 vol.

3. Géographie Sainte de Samson, *in 12.* 2 vol.

4. Géographie de Lenglet du Fresnoy, *in 12.* 8 vol.

5. Les Œuvres du P. Rapin Jesuite, 3 vol. in 12.
6. *Selecta latini Sermonis exemplaria è scriptis probatissimis, &c. Parisiis apud L. H. Guerin & L. F. de la Tour*, 6 vol. in 12. Cette collection qui est traduite en françois & imprimée aussi en 6 vol. à part, est entiérement purgée de tout ce qui peut blesser les mœurs, & elle renferme ce qu'il y a de meilleur pour acquérir, entretenir & perfectionner la connoissance de la langue latine.
7. *Opera Cardinalis Sadoleti, Veronæ, in 4'. 3 vol.*
8. Histoire du Ciel, par Mr. Pluche, 2 vol. in 12.
9. Entretiens physiques, par le Pere Regnault, in 12. 4 vol.
10. Leçons physiques, par Mr Nollet,
11. *Opera Santolii, in 12. 3 vol.*
12. Essai sur le Beau, par le P. André, in 12.
13. Les Œuvres de Mr. Cochin, *in 4'. 5 vol.* --- de Mr. d'Aguesseau, *in 4'. 3 vol.* On donne la suite de ces Œuvrages.
14. La recherche de la vérité, par le P. Mallebranche.
15. La Logique de Voolfius, 1 *vol. in 4'.* --- *Logica vetus & nova*, par Clauberge. --- *Introductio ad Philosophiam, Metaphisicam & Logicam continens*, par s'Gravesande. Cet ouvrage qui passe pour un chef d'œuvre, a été traduit en François.

16. *Ceux qui font obligés par état d'étudier les Belles Lettres & la Philosophie pourront consulter les trois ouvrages suivans.* --- Mémoires de l'Academie des Inscriptions & Belles-Lettres, *in* 4' 18 *vol*. --- Histoire & Mémoires de l'Academie des Sciences depuis sa Fondation en 1666 jusqu'en 1750, 88 *vol. in* 4'. --- Histoire de l'Academie des Siences par Mr. de Fontenelle, 42. *vol.* Cette Histoire consiste premierement dans les *Extraits* des Mémoires lus dans les Assemblées de l'Academie, & dans les *Eloges* des Academiciens morts pendant les 42 ans que Mr. de Fontenelle a été Secretaire.

17 Réflexions sur les regles & sur l'usage de la Critique, par le P. Honoré, 3 *vol in* 4'.

18 Dictionnaires des Sciences Ecclésiasques, par le P. Richard, 5 vol. *in fol.*

19. Pour ce qui est de la Méthaphisique, outre Segui, s'Gravesande, Malebranche & Descartes, que nous avons déjà cités, on peut aussi consulter Suarez.

Fin du troisieme Catalogue.

BIBLIOTHEQUE ECCLESIASTIQUE.

IVe. CATALOGUE.

ARTICLE I.

Ecriture Sainte.

POur acquérir une profonde connoiſſance des divines Ecritures, conſultons les Livres ſuivans.

1. *Biblia Sacra cum notis vatabili*, nouvelle Edition, à Paris, 2 vol. *in-fol.*
2. La Poliglotte de Walton, *afin de comparer les verſions entr'elles & avec l'Original.*
3. Les Prolégomênes de Walton de l'Edition de Zurich (*Tiguri*), *in-fol.* 1673. *Le Pere Lamy en a donné un abrégé en françois, à Lyon, in-4°.* 1699.
4. Les Prolégomenes de Serarius avec ceux de Bonfrerius, & les autres Ouvrages qui ſont dans les 2 vol. de Ménochius, de l'Edition du P. Tournemine. —*On l'a réimprimé à Lyon, chez Valfray, en 2 vol. in-fol.*, qui,

reliés en un, se vendent 21 liv. chez Guerin.

5. Les proverbes sacrés de Drufius. — Les dissertations du P. Allexandre, sur l'Histoire de l'Ancien Testament, & sur l'établissement de l'Eglise. — *Disquisitiones* de Frassen, 2 *volumes in-4°.*

6. Les prolégomenes, les préfaces, & même les notes de la grande Bible Hébraïques du P. Houbigant. *On a imprimé à part in-4°. les prolégomenes & les préfaces. Un savant Anglois s'étoit proposé de faire imprimer les notes, je ne sçai si ce projet a été exécuté.*

7. Les Dissertations de Dom Calmet. — *Analogia veteris ac Novi Testamenti,* par Becan, *in-12. & in 8°.*

8°. Sur la Chronologie, celle de Dom Lancelot dans la Bible de Vitré. — De M. des Vignoles. — d'Usserius. — De Riccioli. — Les Ouvrages de Dom Perron, *de l'antiquité des temps défendue & rétablie,* avec les réponses des Peres le Guien & Martianai. — M. Rondet, dans son abrégé de Calmet.

9. Sur la géographie, *Phaleg. & Chanaan* de Samuel Bochart. — MM. Samson & Robert. — Dom Calmet. — Ligfoot.

10. *Hierozoïcon* ou *de animalibus Scripturæ Sacræ*, par Bochart. — Charlton *de animalibus Scripturæ Sacræ.*

11. Sigonius, *de Republica Hebræorum.* — Spenser, *de Legibus Hebræorum.*

12. Pour ce qui est des Commentateurs, Tirim est bon, Ménochius est meilleur, Cornelius *à lapide* est prodigieusement diffus ; il n'a commenté ni Job, ni les Pseaumes. — Caspard Sanctius ou Sanchés, a commenté une bonne partie des Livres Saints, il passe pour très-sensé, *il méritoit plus qu'un très-grand nombre d'autres, de trouver sa place dans le Dictionnaire de M. l'Advocat.*

13. Parmi beaucoup d'inutilités, on trouve de bonnes choses dans Dom Calmet ; pour le lire avec profit, il faut du temps, de la patience & du discernement ; il a bien réussi sur la Géographie sacrée. — M. de Sacy est bon pour le sens spirituel ; mais, 1°. Sa version est quelque fois trop littérale, comme en ce verset, *Moab olla spei meæ* : Moab est la marmite qui nourrit mon espérance. 2°. La doctrine n'est pas toujours saine. Voyez sur ce verset d'Isaïe. *ad punctum in momento derclique.*

14. *Biblia magna* du P. de la Haye, avec un bon Recueil. On n'estime de *Biblia maxima*, 9 vol. in-fol. que les prolégomenes, encore sont-ils trop diffus.

15. L'ouvrage intitulé, *critici sacri*, 10 vol. in-fol avec les supplémens, renferme les Commentateurs protestans. — On en a l'abrégé & même celui de plu-

fieurs Commentateurs catholiques dans *Synopfis criticorum*.

16. Le Commentaire de Jean le Clerc font à voir, mais il faut ufer de précaution.

Nota. Il eft peu de perfonnes qui puiffent lire les Commentateurs proteftans, à caufe des erreurs qui font répandus dans leurs ouvrages, d'ailleurs leurs Comentaires font pleins d'une érudition profane, affez inutile, & des rêveries rabbiniques.

17. Voici fur chaque partie de l'Ecriture quels font les Commentateurs les plus eftimés.

Sur le Pentatheuque, *Bonfrerius*, *Janfenius Yprenfis*. -- Sur Jofué, *Mafius*. -- Sur les Roix, *Sanctius*. -- Sur Job, Pineda, Codure, Scultens, le P. Houbigant, *Sanctius*. -- Sur les Pfeaumes, de Muis eft le plus eftimé pour le fens littéral. *On trouve l'abrégé de fon Commentaire dans celui de M. Dupin.* -- On eftime auffi Fromond, Bellarmin, Ferrand, Janfenius de Gand, Boffuet, Bellenger, Denis le Chartreux. -- Sur les Prophêtes, Maldonat. -- Sur Ifaïe, Vitrenqua. -- Sur Ezechiel, Villapandus. -- Sur les petits Prophêtes, Ribera. -- Sur les livres fapientiaux, Janfénius d'Ypres, Janfenius de Gand, Maldonat, &c.

18. Pour le Nouveau Teftament, Gagnée, Analife du Pere Mauduit. -- Sur les Evangiles, Maldonat *excellent*,

Janfenius de Gand, Janfenius d'Ypres, le P. Allexandre, S. Thomas dans sa chaîne. -- Sur les Actes, Cajetan, Fromont, Sanctius, *Cornelius à lapide*.-- Sur S. Paul, Estius & Fromond, son abréviateur, *Cornelius à lapide*, *Bernardinus à piconio*, le P. Allexandre, Guillaud, Chanoine d'Autun, vers le millieu du seisieme siecle, Bence, Docteur de Sorbonne, S. Thomas, Cajetan, sur l'Epitre aux Hébreux Louis Tenu. -- Sur les Epitres Canoniques, Cajetan, Serarius, Salmeron, *Cornelius à lapide*. -- Sur l'Apocalipse, Alcasar, *Cornelius à lapide*, Ribérat, Daniel Hervé, M. Bossuet & M. la Chétardie.

19. Enfin sur le Nouveau Testament, voyez S. Augustin, *de consensu Evangelistarum*, Henri Etienne *de stylo Novi-Testamenti*, Vorsius, *de Hebraismis Novi Testamenti*. La Concorde Evangelique attribuée à M. Arnaud, celles de M. le Roux & du P. Lamy, *celui-ci soutient mal à propos que Notre Seigneur n'a pas fait la derniere Pâques*. L'harmonie Evangélique de M. Toisnard, l'histoire évangélique du Pere Perron. -- L'harmonie évangélique de le Clerc pourroit être utile, s'il n'y avoit répandu le venin du Socinianisme.

Nota. On néglige trop d'étudier l'Ecriture sainte en elle-même, & dans ses principaux Commentateurs qui sont les Saints Peres, S. Chrysostome &

S. Jerome font excellens pour le fens littéral, auſſi bien qu'Œcumencus, Theophilacte, abréviateurs de S. Chriſoſtome. On peut voir dans la bibliotheque facrée du P. le Long, [ou dans celle de Dom Calmet, à la fin du quatrieme volume de ſon Dictionnaire de la Bible] le catalogue de tous ceux ſoit parmi les Saints PP. ſoit parmi les Auteurs catholiques, ſoit enfin parmi les hétérodoxes qui ont travaillé ſur l'Ecriture Ste. & le jugement qu'en ont porté les Savans.

ARTICLE TROISIEME.
Conciles & Conſtitutions Dogmatiques.

1. *Concilium Trid. additis declarationibus Cardinalium, & remiſſionibus D. A. Barboſæ.* par Gallemart. Ces Déclarations ont été rejettées à Rome, mais les renvois peuvent être utiles.
2. *Bullarium magnum*, 7 tom. en 5 vol. in-fol. Il y en a un autre beaucoup plus étendu.
3. *Bullarium Clementis XI.* in-fol.
4. Le P. Manſi a déja donné au moins 6 vol. in-fol. de ſa grande Collection des Conciles ; ſans doute qu'elle ſera plus achevée qu'aucune des précédentes.

ARTICLE II.

Saints Peres.

1. Les Œuvres d'Origene, édition de Dom la Rue, 4 *vol. in-fol.* — Les fragmens de ses Hexaples, par Dom Montfaucon, 2 *vol. in-fol*.
2. Les Ouvrages de Saints Pères que nous n'avons pas cités dans les autres Catalogues, comme Saint Ephrem, 6 *vol. in-fol.* — S. Irenée & les deux Sts. Cirille, &c.
3. *Bibliotheca SS. Patrum. Lugduni*, 27 *vol. in-fol.* — ou celle du P. Combefis, 8 *vol. in-fol.* avec l'addition en 3 *vol. in-fol.*
4. *Spicilegium* de Dom Luc d'Abheri. — Le Recueil des monumens des Peres qui ont vécu dans les temps Apostoliques, 2 *vol. in-fol*. & les monumens de l'Eglise greque, 3 *vol. in-4*°. par M. Cotelior.
5. La défense des Saints Peres, par Dom Ceillier.
6. Remarques sur les premiers tomes de la Bibliotheque Ecclésiastique de M. Dupin, par Dom Petit-Didier, 3 *vol. in-8°.*

ARTICLE IV.

Controverses.

1. Aux controversistes que nous avons déja cités, on peut ajouter ceux qui ont combatu Luther & Calvin, comme Cochlée, Eckius, d'Espense, du Peron, le P. Cotton, Pierre Canisius, le Cardinal Hosius, Josse Coccius, Gropper, Mainbourg, M. Veron, les PP. Fenis, Doucin, Meynier.

2. La grande perpetuité de la Foi, par Mrs. Arnaud & Nicole.

3. *Theologia polemica a R. P. vito Pichler. Augustæ vindelicorum*, 1727, 2 *vol. in-8°.*

4. La Religion protestante convaincue de faux dans ses regles de foi, par M. Maynard, Chanoine de Saint Sernin, Paris, Cailleau. *Ouvrage mal écrit, mais très-solide.*

5. Contre les Sociniens, 1°. les 3 excellens volumes de Josué de la Place, à Saumur, 1649, 1659, 1657. 2°. *Defensio fidei Nicænæ*, par Bullus. 3°. *Divinitas D. N. J. C. Manifesta in scripturis & traditione*, par Dom Prudent Maran, *in-fol.*

ARTICLE V.

Théologiens.

1. Le Maître des Sentences.
2. S. Thomas, l'Ange de l'Ecole ; on estime sur-tout sa Somme & ses Opuscules.
3. Suarés est un grand Théologien, ses traités forment un Recueil de 23 vol. in-fol. Son traité des Loix passe pour un chef-d'œuvre.
4. Wigors, Estius, Daëlman, Sylvius & la morale de Salamanque sont estimables, *mais Estius est Rigoriste pour la morale, & bien dur sur la prédestination.*
5. *Theologia Christiana dogmatico-Moralis*, par le Pere Concina, à Rome, 1746, 12 vol. in-4'. M. l'Advocat dit que ce corps de Théologie est très-estimé.
6. Les instructions sur le Rituel de Toulon, 2 vol. in-4. forment un cours excellent de Théologie pratique. Cet Ouvrage mériteroit d'être répandu.
7. *Consilia seu responsa moralia*, par Cormitolus. — *De usu opinionum probabilium*, par Thyrse Gonzalés, sont des ouvrages très-estimés, aussi-bien que *Theses damnatæ*, par Viva, 2 vol.

in-4. & *Scrutinium Doctrinarum*, de Panorme. 1 *vol. in-fol.*

8. *Quæstiones medico legales*, par Zacchias, nouvelle Edition, à Lyon, 1726, 3 *vol. in-fol.* La lecture de cet Ouvrage est presque nécessaire à un Ecclésiastique engagé dans le Ministere.

9. Sur les principes de la Théologie, voyez l'analyse de Holden, & de Melchior Canus, *de locis Theologicis*.

10. Sur les Sacremens, voyez Areudius 1 *vol. in-4'.* — Juenin, 1 *vol. in-fol*, — Drouin, Docteur de Sorbonne & Dominicain, 2 *vol. in-fol.*

11. Sur la Pénitence, le P. Morin & le Cardinal de Lugo.

12. Sur le Mariage, Sanchés, Basile, Ponce, les Conférences de Paris, le traité des Dispense de M. Collet, 3 *vol. in-12*.

13. Sur la Justice & les Contrats, Molina, Lessius, de Lugo, Comitolus.

14. Sur l'usure, les Conférences de Paris. — Gaitte, 1 *vol. in-4'.* à Paris, 1688. — Le P. Thomassin, 1 *vol. in-8'.* — Concina, 3 *vol. in 4'.*

15. Les Dogmes Théologiques du Pere Thomassin, 3 *vol in-fol.* avec ses autres traités, plusieurs *vol. in-8'.*

16. *Theologia dogmatica & moralis*, du P. Allexandre, 2 *vol. in-fol'.*

Nous avons déja indiqués beaucoup de livres contre les Athées & les Déistes, mais nous ne croyons pas pouvoir

nous dispenser de faire connoître les suivans, qui presque tous sont excellens.
1. Dissertations sur l'existence de Dieu, 3 vol. -- Traité de la vérité & de l'inspiration des Livres Saints, 1 vol. par M. Jaquelot.
2. Traité des principes de la foi, par M. Duguet, 3 vol. in-12.
3. L'usage & les fins de la Prophétie, par T. Scherlock. --. Les témoins de la Résurrection, par le même.
4. L'ébauche de la Réligion naturelle, par Wollaston.
5. La Religion Chrétienne, démontrée par la Résurrection de J. C par Homfroi Ditton.

Les six volumes de Sermons de la fondation de M. Boyle.

Nota. *Nous conseillerons toujours de puiser dans des sources Catholiques. Le germe du Christianisme dépérit sous la main des ennemis de l'Eglise ; ils ne disent jamais tout, parce qu'ils ne peuvent tout dire sans donner atteinte à leur propre Communion. Quelquefois même leurs ouvrages ont une teinture de protestantisme. d'arianisme, de socinianisme, de tolerantisme.*

7. L'existance de Dieu prouvée par les merveilles de la Création, par Mr. Ray, 1 vol in 12.
8. Théologie Phisique, par Derham, un vol. in 8'. Théologie Astronomique, par le même.]

9. Réflexions sur les différens de la Religion par M. Pelisson, 2 v. in 12.—Dialogues sur l'immortalité de l'ame, par Mr. l'Abbé de Choisi & Mr. d'Angeau. —Les Méditations de Descartes sur l'existance de Dieu, & sur l'immortalité de l'ame, in 12. 2 vol.—La vérité de la Réligion Chrétienne, par Grotius.—L'existance de Dieu, par Samuel Clarck, 3 vol. in 12. La fin de cet Ouvrage n'est pas exempte de venin.

10. Le pere Mauduit, le pere Buffier, Mr. Vernet, l'Abbé de St. Real, au quatrieme & cinquieme Tomes de ses Œuvres, Edition d'Amsterdam, 1730, ont aussi travaillé sur cet important sujet.

11. On peut consulter les Lettres sur la Réligion, par Mr. Gauchat. —La Réligion vengée, Ouvrage périodique, dans lequel on refute les Ecrits de nos Déistes : Il y en a déja 18 *volumes*. On travaille, cette année 1763, à réfuter l'Emilme de J. J. Rousseau.

12. *J. Alberti, Fabricii delectus, argumentorum, & syllabus scriptorum, qui veritatem Religionis Chtistianæ... Affercrunt. Hamburgi. 1715, un vol. in 4'.* Cet Ouvrage en indique un grand nombre d'autres en toutes les langues ; mais si un sçavant peut les lire tous : il ne doit les communiquer qu'avec choix.

13. Censure du Livre de l'Esprit, par la

Sorbonne *un vol. in 4°*. --Du Livre de Mr. Rousseau, intitulé *Emile*.

14. Instruction pastorale de Mr. l'Evêque de Lodeve, 1760, *un volume in 4*.
15. Contre Bayle, voyez, 1°. Bayle en petit, *un volume in 12*. --2°. Examen critique des Ouvrages de Bayle, par le P. Lefebvre, *un volume in 12*, à Paris chez Bordelet. 3°. Examen du Pyrronisme ancien & moderne, par Mr. de Crousas; à la Haye, 1733, *in folio*. Cet Ouvrage est excellent, mais l'Auteur, 1°. est Arminien. 2°. Il ne paroit pas bien décidé sur l'Eternité des peines de l'Enfer. 4°. Il n'est pas exact sur l'article de la prescience de Dieu. Enfin il panche vers la tollérance universelle en matiere de Religion.
16. Traité de la Religion naturelle, & de la révelée, à Toulouse, 6 *vol. in 12*, par Mr. Malville, Curé du Diocèse de Sarlat.

ARTICLE VI.

Catechismes & Sermonaires.

1. Sermons, & surtout Panégyrique de Mr. Flechier.
2. Sermons du P. d'Orleans 2 *vol in 12*. --Du P. Pecaud 3 *vol*.--De l'Abbé Anselme. Et du P. Perusseau. Et du P. Lacolombiere, 6 *vol. in 12*.

9. Un Prédicateur pourra avec discretion & permission lire les meilleurs Prédicateurs parmi les Hétérodoxes ---Tillosson, Archevêque de Cantorberi.---Jacques Saurin, Ministre à la Haye,

ARTICLE VII.
Livres de Pieté.

Paradisus animé Christiane, par Hoffsius, *in* 12. --Les Œuvres de St. Thomas à Kempis.--Les Œuvres spirituelles de St. Bonaventure sur la Théologie mystique; On peut voir les Œuvres attribuées à St. Denis l'Areopagite, *de divinis nominibus*. ---St. Clement d'Alexandrie - -Et parmi ceux du dernier âge; *Blosius*, ou Louis de Blois, Lansperge, Taulere, Rusbroch Gerson, Denis le Chartreux.

3. Alvarez, *de vita spirituali*, 3 vol. *in folio*.---Drexelius, 2 *vol in folio*.

4. Devoirs des Curés, par le P. Segnery. ---Devoirs d'un Pasteur, par Mr. Collet. ---*De institutione Sacerdotum*, par Pierre Soto. ---*De Sacris Electionibus*, par Mr. Hallier, *in folio*, excellent.

5. Discours Synodaux sur toutes les fonctions Pastorales, par Mr. de la Volpiliere.; Guerin 1704. 2 *vol. in* 12.

— *Stimulus Pastorum*, par Dom. Barthelemi des Martyrs. — De la Sainteté & des Devoirs des Prêtres, par Mr. Compaing, Chanoine & Grand-Vicaire de Toulouse, Paris Garnier, 1747 : *prenez garde au chaiptre quinfieme du second Livre.*

6. Introduction au St ministère, par Mr Mangin, 12 *vol. in 12.*

7. *Homiliæ Clementis Papæ XI.* 1 vol. in folio.

ARTICLE VIII.

Droit Canon.

1. Les meilleurs Commentaires sur le Droit Canon, sont ceux de Gonsalés, Fagnan, Anaclet, Reifenstuel, Pirring. On peut y joindre Panorme, le Cardinal d'Ostie, Sayr, *de irregularitatibus*, Barbosa, Doujat, Louis Dubois.

2. Au défaut des grands Commentateurs, on peut se borner à la Synopse de Pirrhing, ou aux paraticles d'André Delvaut, à Louvain, 1658 ; mais *Zoesius in decretal s*, 1 vol. *in folio*, est préférable pour la methode & pour la justesse.

3. Sur les Matieres Bénéficiales, Melchior Pastor avec les Notes de Colier, *in folio*, Toulouse, 1712. --- Recueil

des principales décisions de Drapier, 2 vol in 12, Paris, 1732.

2. Sur les Rits Sacrés, Traité historique des anciennes Cérémonies du Baptême, par M. Compaing. ---Les Ouvrages Liturgiques de Mr. Renaudot, de Mr. Grancolas, de Mr. Bocquillot. ---Dom Mabillon, Liturgie Gallicane. -----Dom Martenne, *de Antiquis Ecclesiæ Ritibus* ---*Euchologium Græcum* de Goard, *l'Esprit de l'Eglise, dans les Cérémonies*, par Mr. de Soissons.

ARTICLE IX.

Droit Civil.

1. Traité des Loix naturelles, par Cumberland, 1 vol. in 4°. ---Essai sur le Droit naturel, par Burlamaqui. ---Principe du Droit Civil, par le même : *Ces trois Ouvrages sont estimés.*

2. Regles du Droit Français, par Mr. Pocquet de Livoniere, Paris, Coignard, 1732. 1 vol. in 12.

ARTICLE X.

HISTORIENS.

1. Pour l'histoire Ecclésiastique, voyez Hegesippe, Eusebe de Césarée, Sozomene, Socrate, Théodoret, Rufin, Victor, d'Utique, Gregoire de Tours, &c.

2. *Gallia Christiana.—Oriens Christianus.* —Les Annales Ecclésiastiques de France, par le Pere le Cointe.—Les vies des Saints, d'Adrien Baillet. —*Acta Sanctorum*, de Bollandus. —Graveson. —Mr. Godeau.

3. Il a déja paru 20 *vol.* de l'Histoire Ecclésiastique du Cardinal Orsi.

4. Sur la Chronologie, Scaliger, *de emdatione temporum.*—Petau, *de Doctrina Temporm.* —Userius.—Marsham —Riccioli.—Le P. Souciet, Récueil des dissertations, 1 *vol. in* 4°. le P. Pezron.

5. Pour ce qui est de l'Histoire profane, il faut aussi l'étudier dans les sources. Tout le Monde connoit Tite-Live, Tacite, Diodore de Sicile, Thucidide, Hérodote, Xenophon.

6. Bibliothèque Historique de la France, par le P. le Long, 1 *vol in folio.*

7. Mémoires pour servir à l'histoire des Hommes Illustres, par le P. Niceron,

12 vol. in 12. Les Vies des Hommes Illustres de la France, par Mr. Dauvigni 12 vol. in 12. La suite, par l'Abbé Perrau, 10 vol.

5. Mémoires pour servir à l'Histoire de l'Europe, par le P. d'Avrigni nouvelle Edition.

ARTICLE XI.

Dictionnaires, Belles-Lettres, Philosophie, &c.

1. La France Littéraire, par Dom. 3 vol. in 4°. Cours de Siences par le Le P. Buffier, 1 vol. in fol. Le Journaux des sçavans les Mémoires de Trevoux, & autres Ouvrages de ce genre.
2. Essai de Morale de littérature, par l'Abbé Trublet. 3 vol. in 12—Maximes du Duc de la Rochefoucaud, & les Caractères de Labruyere.
3. Nouvelle Maison Rustique, par Mr. Liger, 1732. 2 vol. in 4°.
4. *Prædium Rusticum*, du P. Vaniere. —Les Ouvrages du P. Porée. —Le Paradis perdu par Milton; & la *Sarcotis* de Masenius. —*Hieronimi vidæ Scachia*, 1 vol in 8°. *Argentorati* 1604. *Ejusdem Poemata*, 4 vol. in 12. Londini, 1732.
5. On trouve chez Barbou les Ouvrages de Sannazar, Bonnefon, Coffart du

Cerceau, Baudory, Commire, La-
fante, Sanadon, Larue.
6. Nouvel Essai de Logique par Mr.
de Crouzas, 1741, 7 vol. *in* 12, *l'Auteur y attaque en paſſant la Tranſubſtantiation & la voie d'autorité. Du reſte l'Ouvrage eſt bon.*

Il eſt peu d'Eccléſiaſtiques qui puſſent donner à la Lecture des Livres des Belles Lettres d'autre temps que celui d'un honnête amuſement ; ainſi, nous n'en citerons pas d'avantage, peut être même en avons nous déja trop cités.

F I N.

www.ingramcontent.com/pod-product-compliance
Lightning Source LLC
LaVergne TN
LVHW052105090426
835512LV00035B/992